José López-Oliva
Nicolás Campo-Chavarro
César Augusto Reyes-Zárate

Derecho de daños, seguros y bienestar animal

José López-Oliva
Nicolás Campo-Chavarro
César Augusto Reyes-Zárate

Derecho de daños, seguros y bienestar animal

Hacia un modelo integral de protección jurídica

PUBLICIA

Imprint

Cover image: www.ingimage.com

Publisher:
PUBLICIA
is a trademark of
Dodo Books Indian Ocean Ltd. and OmniScriptum S.R.L publishing group

120 High Road, East Finchley, London, N2 9ED, United Kingdom
Str. Armeneasca 28/1, office 1, Chisinau MD-2012, Republic of Moldova, Europe
Managing Directors: Ieva Konstantinova, Victoria Ursu
info@omniscriptum.com

Printed at: see last page
ISBN: 978-66-30-24596-7

DERECHO DE DAÑOS, SEGUROS Y BIENESTAR ANIMAL
Hacia un modelo integral de protección jurídica

José López-Oliva
Profesor Asociado Universidad Militar Nueva Granada
(Bogotá, Colombia).

Nicolás Campo-Chavarro
Abogado cum laude e investigador del semillero en derecho corporativo: Aspectos contemporáneos del derecho de daños y seguros. AI-INV-DER 4043
Universidad Militar Nueva Granada (Bogotá, Colombia).

César Augusto Reyes-Zárate
Abogado cum laude e investigador del semillero en derecho corporativo: Aspectos contemporáneos del derecho de daños y seguros.
Universidad Militar Nueva Granada (Bogotá, Colombia).

INTRODUCCIÓN

A lo largo de la historia, los animales han tenido un papel fundamental en el desarrollo de la vida humana. En sus inicios, proporcionaban alimentación y cumplían funciones de cuidado, convirtiéndose en figuras indispensables en muchas civilizaciones. Sin embargo, durante un largo tiempo fueron considerados seres de utilidad, limitándose su papel a las funciones que podían desempeñar. Esta perspectiva coincide con el tratamiento que les realizan los ordenamientos jurídicos, que tradicionalmente los calificaban como cosas al servicio del hombre.

En los últimos años, esta concepción ha experimentado una transformación importante con la consolidación del concepto de animales de compañía, dentro del cual adquieren especial relevancia los perros y los gatos. Lo anterior ha llevado a que estos animales sean considerados como algo más que objetos, pues actualmente se reconoce que son seres sintientes y, por lo tanto, sujetos a una creciente protección normativa.

Con la incorporación del principio de bienestar animal en los ordenamientos jurídicos, sumado a una fuerte corriente ideológica en torno a los denominados derechos de los animales, su cuidado y preservación se han convertido en una cuestión de relevancia constitucional. No obstante, el régimen jurídico de responsabilidad ligado a dichos animales suele limitarse al potencial de riesgo que, por sus condiciones físicas, pueden generar. Un ejemplo de ello es el régimen aplicable a las razas de perros de manejo especial.

Esta aproximación ignora otros riesgos que pueden derivarse de una tenencia irresponsable, tales como la transmisión de enfermedades o comportamientos violentos por parte de los animales, los cuales pueden ocasionar daños severos a las personas. Asimismo, debe considerarse lo que estas situaciones implican para los propios animales, quienes enfrentan serios riesgos de vivir en condiciones de vida inadecuadas.

De igual forma, resulta preocupante el elevado número de perros que se encuentran en las calles, situación que responde tanto a la sobrepoblación animal como a la desinformación de propietarios que deciden abandonar a sus mascotas. En la actualidad, no existe un régimen claro de responsabilidad frente a los daños que puedan ocasionar animales que se encuentran en esta situación.

A pesar de que existen normas que buscan atender estas problemáticas, su efectividad es limitada, pues su aplicación se ha visto restringida por diversos factores de carácter técnico, estructural y social. Esto deja a los animales de compañía sin la aplicación efectiva de un régimen jurídico claro en materia de tenencia.

En este contexto, la tenencia responsable se convierte en un objetivo fundamental, ya que a partir de ella es posible comenzar a construir una sociedad que promueva el bienestar animal como eje para la garantía del bienestar social en general. En virtud de lo anterior, el objetivo del presente texto es proponer una herramienta jurídica que fomente la tenencia responsable, mediante la articulación de la política pública con el sector asegurador, con el fin de cubrir los escenarios de responsabilidad anteriormente descritos.

Diseño metodológico

Por una parte, la presente investigación se desarrolla desde un enfoque cualitativo. Lo anterior, en la medida en que pretende comprender, de forma crítica y dogmática, las tensiones jurídicas, sociales y económicas existentes, en particular entre el mercado asegurador, la protección animal y, finalmente, la tenencia responsable de animales de compañía. El estudio no se limita únicamente al análisis normativo formal. En ese sentido, la investigación busca interpretar el alcance y, además, las implicaciones prácticas de las instituciones jurídicas relacionadas con los seguros para animales. Asimismo, pretende establecer su incidencia en el bienestar animal y en la responsabilidad de los propietarios y del Estado.

Por otra parte, el alcance de la investigación es exploratorio debido a que el estudio de los seguros para animales de compañía en Colombia es un campo que no ha sido desarrollado por la doctrina ni por la jurisprudencia. Existe, en efecto, una falta de articulación entre el derecho de seguros, el bienestar animal y la responsabilidad civil. Asimismo, el alcance es correlacional, pues se identifica la relación existente entre el mercado asegurador, la tenencia responsable, la protección jurídica de los animales y la disminución de riesgos derivados de su cuidado inadecuado.

Ahora bien, la investigación se realiza mediante el método dogmático jurídico, dirigido al análisis normativo, de los principios y de las diferentes categorías jurídicas del contrato de seguro, responsabilidad civil y protección animal. De tal manera, se estudia inicialmente el marco normativo colombiano e internacional, además de la jurisprudencia y doctrina especializada en la materia, con el fin de determinar la naturaleza, complicaciones e indeterminaciones del aseguramiento de animales de compañía.

Con base en lo anterior, se incorpora el método hermenéutico crítico de Hans-Georg Gadamer, conocido como aquella herramienta de análisis jurídico que permite entender y reconocer las transformaciones jurídicas y sociales que reconocen a los animales como seres sintientes. Por lo tanto, el estudio normativo va más allá de su análisis axiológico, porque integra diferentes herramientas de interpretación, elementos culturales y sociales que permiten construir una crítica constructiva al modelo asegurador contemporáneo, el cual requiere una estructura que garantice el contexto que involucra el bienestar animal.

Finalmente, se emplean diferentes técnicas de investigación: la conversación con expertos, que permite analizar los argumentos de diferentes profesionales del sector asegurador y, además, de los defensores del derecho animal, por ejemplo; el propósito es evidenciar las prácticas que desconocen la protección otorgada por la normatividad vigente. Asimismo, la búsqueda documental se centra en la consulta y el análisis de libros, artículos científicos, jurisprudencia, normatividad nacional e internacional, que se refieren al mercado asegurador, la responsabilidad civil y el bienestar animal.

Para el desarrollo de la investigación se utilizan múltiples herramientas académicas y de consulta, como Scopus, Latindex, Publindex y SciELO, las cuales permiten acceder a producción científica actualizada y relevante para la construcción del marco teórico y el análisis crítico del objeto de estudio.

Marco teórico

La evolución y nuevas concepciones de la relación humano-animal han transformado la naturaleza de cómo abordar su protección jurídica. Históricamente, los animales fueron concebidos como aquellos bienes susceptibles de apropiación y explotación. Desde aquellos postulados clásicos del derecho, fueron entendidos bajo una visión patrimonialista y utilitaria. Sin embargo, con el pasar del tiempo, los avances, evoluciones sociales y éticos han reconocido su naturaleza de ser sintiente y sujeto de protección y cuidado por parte del Estado y de la sociedad.

En ese sentido, estas transformaciones tienen su fundamento en aquellos reclamos sociales a través de grupos defensores de animales y en el desarrollo jurisprudencial de los órganos de cierre, con la incorporación del principio de bienestar animal como eje fundamental, lo cual se deriva de la obligación establecida en la Constitución Política de Colombia (1991) de conservar un ambiente sano. Así, la protección animal no responde exclusivamente a criterios de utilidad o explotación económica, sino que incluye principios constitucionales como la dignidad y la solidaridad. En este contexto, la tenencia y el cuidado responsable adquieren relevancia como una obligación jurídica y social. El objetivo es garantizar las condiciones mínimas de conservación de la salud, el cuidado, la seguridad y la convivencia.

De igual manera, el contrato de seguro se presenta como una herramienta indispensable dentro de la sociedad, destinado a la distribución y administración de sus riesgos. Desde sus inicios, el seguro surge como un instrumento colectivo e individual de previsión de daños, hasta el punto de ser entendido como una institución esencial para la estabilidad económica de los Estados. Actualmente, el derecho de seguros no se concibe exclusivamente desde su función indemnizatoria, sino también desde su propósito preventivo. El seguro disminuye el impacto de los daños y fomenta conductas sociales, familiares e individuales responsables.

Bajo esta perspectiva, la relación e interoperabilidad del derecho de seguros y la protección animal ha dado origen a un sinnúmero de pólizas dirigidas a la protección animal. Inicialmente, estas coberturas se centran en la protección patrimonial del propietario del animal, especialmente frente a los daños producidos por aquellas razas consideradas de manejo especial. No obstante, el surgimiento de nuevas formas de familia, como la multiespecie y, además, el reconocimiento de los animales como parte de estas, impulsa la creación de seguros con diversos amparos: gastos veterinarios, tratamientos médicos, asistencia funeraria, entre otros.

A pesar de ello, el mercado asegurador continúa estructurado bajo el principio tradicional de responsabilidad patrimonial, en el cual se privilegia la indemnización de los daños sobre la protección del animal. En consecuencia, esta situación genera fuertes tensiones jurídicas y sociales entre el modelo clásico del contrato de seguro y las nuevas necesidades y concepciones normativas de bienestar animal, especialmente frente a la existencia de diversas problemáticas, como el abandono, la reproducción, el maltrato y la insuficiencia de mecanismos de atención veterinaria.

Desde la doctrina, diversos autores han sostenido que la garantía de derechos y la protección jurídica animal exige a los ordenamientos contemporáneos superar su visión estrictamente antropocéntrica. En efecto, desde el biocentrismo y ecocentrismo se plantea la necesidad de reconocer el valor intrínseco del animal, independientemente de su utilidad o valor económico. Asimismo, tales posturas han influenciado diversas reformas legislativas y de políticas públicas, que fortalecen los sistemas de protección. Se consolidan, entonces, mecanismos de responsabilidad solidaria.

Bajo este contexto, el seguro en animales de compañía se proyecta como una herramienta jurídica indispensable para la contribución y el fortalecimiento de la tenencia responsable y, asimismo, para la prevención de riesgos. En ese sentido, su función no se dirige exclusivamente a la reparación de perjuicios; además, es un instrumento esencial para el fortalecimiento de políticas públicas que garanticen una práctica de cuidado responsable, todo en cumplimiento del principio de protección animal.

En definitiva, el estudio del mercado asegurador exige un enfoque interdisciplinario que involucre distintas áreas del derecho, entre ellas el derecho civil, el derecho de seguros, la responsabilidad civil y del Estado, especialmente desde la perspectiva de la protección animal. Por ello, su análisis no debe reducirse únicamente a consideraciones económicas o comerciales, ya que se trata de una problemática con importantes implicaciones sociales, éticas y jurídicas, orientadas a la construcción de un modelo de convivencia más seguro, equilibrado y responsable para toda la sociedad.

Pregunta problema

El problema jurídico central de la presente investigación reside en la carencia de un marco legal de protección de la sociedad actual frente a los daños que puedan producir los animales de compañía y aquellos en condición de calle. Esta omisión incrementa la tensión existente entre la obligación de los propietarios de los animales y el derecho de la víctima a la indemnización integral del daño, además de la responsabilidad del Estado por la falta de control de los animales en condición de calle.

En este contexto, la pregunta de investigación sería la siguiente: ¿Cómo el Estado colombiano, con la implementación de las pólizas de seguros, garantiza la protección de los animales de compañía y en condición de calle, así como su tenencia responsable, a fin de superar el modelo patrimonial del contrato de seguro, garantizando la indemnización integral de los daños ocasionados?

La dificultad del análisis se centra en encontrar el equilibrio entre la actividad aseguradora y la garantía constitucional de protección del medio ambiente a través de los animales. Asimismo, la generalidad del concepto de animal peligroso, el cual se estableció bajo unas características genéricas, deja abierta la posibilidad que animales con comportamientos bravíos puedan ser considerados peligrosos, a pesar de que sus condiciones físicas no lo determinen.

El problema, en síntesis, radica en establecer cómo el ordenamiento jurídico puede garantizar el derecho de las víctimas a ser indemnizadas, la tenencia responsable de los animales de compañía y el control de los animales callejeros, como obligación de los Estados y necesidad de las sociedades contemporáneas.

Hipótesis

El modelo actual del contrato de seguro para animales de compañía en Colombia resulta insuficiente, discriminatorio y vulnerador de derechos. De tal manera, no responde a los desarrollos jurídicos y a las transformaciones sociales derivados del reconocimiento de los animales como seres sintientes y como integrantes de las familias multiespecies.

En tal sentido, mantiene un enfoque patrimonialista orientado a la reparación de daños a terceros, desconociendo la protección legal y constitucional del animal. En consecuencia, resulta necesario la creación de un modelo asegurador especializado, integrado con las diferentes normas de protección animal y de tenencia responsable. Tal desarrollo permitiría garantizar un modelo de sociedad segura, mediante la prevención de riesgos, orientado hacia una protección integral tanto para los animales como para la sociedad.

El desarrollo de esta hipótesis comienza con la demostración de que las coberturas restrictivas, las exclusiones contractuales y la falta de mecanismos preventivos evidencian una desprotección, desconexión y vulneración de derechos entre el desarrollo normativo y el funcionamiento actual del mercado asegurador colombiano. De tal manera, se plantea que la implementación de un modelo de aseguramiento integral, sustentado en principios de bienestar animal, prevención del riesgo y responsabilidad social, fortalecería la tenencia responsable y la protección jurídica de los animales, contribuyendo a la disminución de riesgos sociales y económicos relacionados con su cuidado.

Con base a lo anterior, con la obligación del Estado colombiano de adquirir una póliza que cubra los daños ocasionados por animales callejeros, se cumple con la obligación constitucional de proteger a la población y proteger el patrimonio del Estado. De igual manera, la articulación y cooperación tripartita entre el Estado, el sector asegurador y la sociedad facilitan la creación de coberturas eficientes, accesibles y acordes con las realidades jurídicas y familiares contemporáneas.

Objetivo general

El objetivo general de la investigación consiste en realizar un análisis crítico de la normatividad y de las políticas públicas en protección animal. En consecuencia, se propone un mercado asegurador aplicable a los animales de compañía mediante la implementación de una serie de pólizas especiales, a través de mecanismos de articulación e integración entre el contrato de seguro, la protección animal y la responsabilidad estatal, orientados a una efectiva indemnización integral del daño.

Bajo este entendido, se identificarán las limitaciones del modelo actual de aseguramiento respecto a su naturaleza, coberturas, exclusiones y prevención de riesgos. Asimismo, la investigación busca examinar la relación existente entre el contrato de seguro, la responsabilidad civil, la protección animal y las políticas públicas orientadas a la convivencia y la seguridad social, mediante la utilización del derecho comparado y las experiencias internacionales.

En ese sentido, la investigación incorpora un enfoque constitucional y ambiental, bajo la implementación de la constitucionalización del derecho privado, a partir de principios como la solidaridad y el ambiente sano. Por consiguiente, el análisis del mercado asegurador no se limitará exclusivamente a su función patrimonial e indemnizatoria; por el contrario, examinará tanto su carácter preventivo como su función social.

De igual manera, el estudio abordará la problemática de los animales en condición de calle y la responsabilidad estatal derivada de la omisión de las entidades regionales. En consecuencia, se analizará la necesidad de implementar modelos de aseguramiento público o mixto que permitan fortalecer la protección de las víctimas y garantizar una respuesta institucional efectiva frente a los daños ocasionados.

En efecto, la meta esencial del objetivo es aportar criterios dogmáticos y lineamientos jurídicos que contribuyan a la construcción de reformas legislativas y políticas públicas orientadas al desarrollo de un modelo asegurador especializado, interdisciplinario y acorde con las transformaciones sociales y jurídicas contemporáneas en materia de protección animal y convivencia social.

Para ello, en un primer momento se revisará la historia de la relación entre seguros y animales, abordando los inicios de la práctica aseguradora en esta materia y realizando una revisión del estado actual del mercado de seguros para animales, tanto a nivel internacional como en Colombia.

Posteriormente, se realizará una crítica al funcionamiento de los seguros actuales aplicables a animales y al régimen jurídico vigente en la materia. Con base en ello, se analizará la responsabilidad tanto de los particulares como del Estado frente a los daños que puedan ocasionar los animales, y se propondrá un nuevo régimen de responsabilidad aplicable, para el cual los seguros comercializados en la actualidad resultan insuficientes.

Asimismo, se contrastará el funcionamiento de estos seguros con el bienestar animal y con el derecho de las víctimas a la indemnización integral, evidenciando que el modelo asegurador actual no responde ni protege de manera idónea estos intereses. Seguidamente, se presentará una propuesta de articulación de seguros en animales que contempla la creación de un ramo independiente, así como el diseño de coberturas que favorezcan tanto el bienestar animal como la percepción de responsabilidad por parte de los propietarios, contribuyendo así al objetivo de la tenencia responsable.

Posteriormente, se desarrollará la importancia de la tenencia responsable y se expondrán algunos de los obstáculos que podría enfrentar la propuesta planteada en este texto, los cuales deberán superarse para garantizar su viabilidad. Finalmente, se presentarán las conclusiones derivadas del análisis realizado, en las que se resaltará la importancia de la articulación entre la sociedad, el Estado y el sector comercial en la consecución del bienestar animal. En este sentido, el contrato de seguro se plantea como un instrumento eficaz y adecuado que puede contribuir significativamente a transformar las problemáticas existentes en el cuidado de los animales.

CAPÍTULO 1

La actividad aseguradora y los animales

La actividad aseguradora, con el paso del tiempo, se ha cimentado como una de las bases de la economía de múltiples naciones. La posibilidad de asegurar riesgos sobre el patrimonio, la vida e incluso sobre algunos bienes valiosos para las personas ha convertido esta actividad en la predilecta cuando se pueden prever perjuicios producidos por un siniestro. La actividad aseguradora tiene un origen tan antiguo como la propia humanidad. Desde sus primeras etapas, el ser humano sintió la necesidad de protegerse frente a los riesgos que amenazaban su subsistencia, lo que dio lugar a formas iniciales de protección colectiva. Estas manifestaciones tempranas, basadas en la asociación y la ayuda mutua, evolucionaron progresivamente hasta consolidarse como un elemento esencial de la vida económica y comercial (Bravo & Fernández, 2011).

Desde sus inicios, el hombre podía concebir riesgos evidentes en un entorno natural. Los riesgos han llevado al hombre a organizarse en sociedad. La misma que se encargó de prever riesgos y brindar soluciones para una eventual situación de producción de un daño. Situaciones como el tener que cazar para obtener comida o un clima desfavorable para el ejercicio de la agricultura, pudieron llevar a las sociedades primitivas a tomar mecanismos de precaución.[1]

Podemos decir entonces que el seguro es una institución concebida desde los inicios mismos de la vida humana, no desde su concepción formal sino desde su concepción primitiva, desde la necesidad de asumir riesgos de manera colectiva.[2] Sin embargo, la falta de registros escritos y de información verificable acerca de cómo funcionaron estos sistemas nos inpide remontarnos a ellos con el fin de establecer la importancia e impacto que realmente tuvieron en la vida social.

Por ello, para referirnos a un registro de seguros, se hace necesario apoyarnos en los datos bíblicos.[3] En estos

---

1 Desde las etapas más primitivas de la especie humana existieron mecanismos de protección colectiva dentro del clan o del grupo. No obstante, fue con la aparición del comercio y de los primeros intercambios o trueques cuando el concepto de seguro empezó a adquirir una estructura más cercana a la que hoy se conoce, ganando relevancia como herramienta de protección frente al riesgo (Mezza, 2023).

2 Con el surgimiento y desarrollo de las primeras civilizaciones, así como con la aparición de la escritura, el seguro comenzó a evolucionar a partir de sistemas de ayuda mutua. En los que se compartían beneficios y riesgos (Bravo & Fernández, 2011).

3 Las referencias más antiguas al aseguramiento se encuentran en textos bíblicos. Según Benítez (1955), en el Génesis se relata cómo José ordena almacenar el excedente de grano de los años de abundancia para enfrentar los años de escasez. Asimismo, en el Deuteronomio se establecen disposiciones orientadas a reservar

relatos, más específicamente en el Génesis, se cuenta la historia del faraón que soñaba con que, posterior a siete años de abundancia, se avecinaron siete años de hambruna. La interpretación del sueño del Faraón por parte de José, dio lugar a la promulgación de una norma que ordenaba almacenar alimentos durante los años favorables, con el objetivo de asegurar la provisión durante el periodo de escasez, configurando una forma primitiva de aseguramiento alimentario (Mezza, 2023).

También se pueden observar antecedentes al seguro en la antigua civilización China, hacia el año 3000 a. C., se desarrollaron mecanismos tempranos de distribución del riesgo. Debido a las condiciones precarias de la navegación y a los frecuentes naufragios, los mercaderes optaron por repartir sus mercancías en distintas embarcaciones, de manera que las pérdidas no recayeran sobre un solo individuo, sino que se distribuyeran entre todos los asociados. Este esquema refleja claramente el principio de mutualización del riesgo (Mezza, 2023).

Ya entre los siglos XVII y XVIII a.C., con la expedición del Código de Hammurabi se encuentran antecedentes del concepto de seguro, especialmente

---

parte de la producción con el fin de garantizar la subsistencia en tiempos difíciles, lo cual refleja una clara intención de previsión frente al riesgo (Bravo & Fernández, 2011).

relacionados con la indemnización por accidentes de trabajo y la protección mutua frente a pérdidas ocasionadas por robos en caravanas comerciales. Aunque no existía una regulación sistemática del seguro, sí se evidencia la intención de compensar los daños derivados del riesgo (Bravo & Fernández, 2011).

También se encuentran precedentes al contrato de seguro en el Código de los Hebreos, particularmente en el Talmud de Babilonia, donde se practicaban mecanismos de aseguramiento para animales perdidos durante caravanas comerciales. El daño era reparado mediante la entrega de otro animal con cargo a un fondo común, bajo el principio que el seguro debía indemnizar el perjuicio sin generar enriquecimiento (Sura, 2010). Continuando con la línea del tiempo, una de las civilizaciones más ilustres de la historia, la griega, también contó con aportes significativos para los que hoy conocemos como el contrato de seguro.

Hacia el año 408 a. C., Grecia vivió un auge comercial significativo, especialmente en la ciudad de Rodas.[4] Los prestamistas financiaban a mercaderes y armadores, aceptando la nave o la mercancía como garantía. A cambio de un interés

---

[4] En Rodas surgió una de las primeras normas relacionadas con el seguro en la modernidad, orientada a la creación de fondos comunes financiados por los comerciantes para cubrir las pérdidas sufridas por los marineros en alta mar, antecedente directo de los seguros mutuales modernos. (Mezza, 2023)

mayor, el prestamista asume la pérdida en caso de siniestro, lo que configura una forma temprana de transferencia del riesgo. Así mismo, en Atenas se desarrollaron los préstamos a la gruesa, contratos mediante los cuales el capitán o dueño de la carga quedaba exonerado del pago si la nave se perdía, pero debía pagar el capital más intereses si llegaba a salvo. Estas prácticas, reguladas por el derecho marítimo, influyeron posteriormente en el derecho romano (Bravo & Fernández, 2011).

En Roma, se desarrollaron sistemas de compensación del riesgo mediante asociaciones militares[5] que otorgan indemnizaciones por viaje, retiro o muerte, sentando las bases conceptuales del aseguramiento (Sura, 2010). La civilización romana también desarrolló figuras similares al seguro de crédito, como la fidejussio indemnitatis, mediante la cual un fiador asume el pago solo en la medida en que el deudor principal no pudiera cumplir, configurando un antecedente del seguro crediticio (Bravo & Fernández, 2011).

Tras la caída del Imperio Romano, en la Edad Media surgieron documentos que evidencian prácticas aseguradoras similares a las actuales. Entre ellas se encuentran pólizas

---

[5] En Roma se formaron asociaciones denominadas *collegia*, cuyos miembros aportaban cuotas con el fin de recibir indemnizaciones en caso de muerte, retiro o gastos funerarios. Estas asociaciones, como los *Collegia Militum*, constituyen antecedentes directos del seguro de vida moderno. (Bravo & Fernández, 2011)

destinadas a cubrir los rescates exigidos por piratas a capitanes y tripulaciones secuestradas, utilizando los fondos asegurados para liberar personas y mercancías (Mezza, 2023). No es sino hasta después del periodo que empezamos a evidenciar el contrato de seguro propiamente dicho que, aunque aún no contaba con una estructura normativa, se empieza a desarrollar con parámetros parecidos a los que actualmente se utilizan.

Es así como, en 1347, se celebra el primer contrato de seguro marítimo, orientado a cubrir accidentes y retrasos en la llegada de las mercancías. Durante este periodo, el asegurador individual fue reemplazado por gremios y cámaras con patrimonio propio, y surgieron los corredores de seguros como intermediarios especializados (Botero, 1978; SENA, 1976, como se cita en Bravo & Fernández, 2011).

El desarrollo industrial, impulsado por la incorporación de nuevas máquinas, herramientas y materiales, provocó la concentración de los trabajadores en las ciudades para laborar en fábricas. Este proceso dio origen a dos clases sociales claramente diferenciadas: los trabajadores asalariados y los propietarios de los medios de producción. Como consecuencia, el nivel de vida se incrementó, pero también surgieron riesgos y peligros que antes no existían.

En este contexto, la actividad aseguradora superó el ámbito de la asistencia familiar o local, consolidándose como una institución financiera de gran relevancia dentro de la estructura comercial y económica.

Lo anterior da paso a los seguros tal como los conocemos hoy en día, donde empiezan a nacer normas reguladoras y a establecerse parámetros a seguir en el mercado asegurador. Del anterior recorrido histórico se desprenden dos premisas fundamentales para el desarrollo del presente capítulo: i) el ser humano, desde sus inicios, ha tendido a asegurar riesgos; ii) el asegurar estos riesgos depende de las necesidades de la época. Resulta, al menos, curioso que los primeros seguros presentes en la historia hayan tenido que ver con la presencia de animales como factores externos en la vida del hombre.[6] Así, en la prehistoria, cuando se pretendía asegurar comida, se empiezan a desarrollar prácticas como la ganadería, despojándose en parte de los riesgos que tiene la caza, actividad que no siempre daba los mejores frutos.

---

[6] La educación ha desempeñado un papel fundamental en la construcción cultural de nuestra sociedad. En este proceso, la familia, como núcleo esencial, constituye el primer espacio de formación y transmisión de conocimientos, responsabilidad que posteriormente asumen la escuela y, más adelante, la educación superior. Analizar cuánto aprendimos en el ámbito familiar sobre seguridad, previsión y prevención de riesgos, así como el papel que desempeñó la escuela en esta materia, permite comprender la manera en que culturalmente se conciben y valoran los seguros. (Bravo, 2006)

También se observaron antecedentes de aseguramiento en animales en poblaciones como la hebrea, donde eran parte esencial de la vida de las personas; dichos riesgos eran asumidos por todo el pueblo y se reparaba con la entrega de otro animal. Tenemos entonces los primeros antecedentes de los seguros agrarios o agropecuarios, que cuidaban especialmente los animales utilizados para la producción de recursos, los animales desde un espectro económico. Aunque resulte un tema de sumo interés -que se tratará en apartados posteriores-, hoy en día la relación con los animales ha evolucionado de un espectro meramente económico, especialmente con la domesticación de especies como perros[7] y gatos.

A pesar de que el fenómeno de domesticación se remonta a civilizaciones antiguas, no ha sido sino hasta tiempos relativamente recientes que la cercanía con estos ha creado debates en cuanto a aspectos tan importantes como las llamadas familias multiespecie[8] o la existencia de derechos para

[7] En las antiguas civilizaciones de Europa y Asia, el perro desempeñó un papel fundamental como apoyo en las actividades de caza, lo que dio lugar al surgimiento de las primeras razas caninas, diferenciadas según el tipo de presa o función específica. Así aparecieron, entre otras, las razas de agua, los cobradores o *retrievers*, los perros de muestra o *pointers*, los ratoneros y los buscadores de trufas. (Castelló, 1994, Como se cita en Diossa, 2022)

[8] Las familias multiespecie constituyen un fenómeno social en el que las personas consideran a sus animales de compañía como

los animales, pues, además de su espectro económico, nace el concepto de animal de compañía.

En la mayoría de las culturas contemporáneas, las mascotas se han consolidado como una presencia permanente en la vida familiar, tal como lo señalan Serpell y Paul (2011). En este contexto, Bovisio, Fracuelli y otros autores describen al animal de compañía como aquel que se encuentra bajo control humano, integrado a un hogar y que comparte una relación de cercanía e intimidad con sus cuidadores, mientras que Savishinsky explica que dicho vínculo se caracteriza por un trato especial basado en el afecto, los cuidados y la atención constante, orientados a garantizar su bienestar y adecuado estado de salud (Diaz, 2015).

Tal relación trae como consecuencia una visión más amplia y compleja de nuestra vida en comunidad con los animales, ya no como parte importante de nuestro sistema económico, sino como parte fundamental de nuestro núcleo familiar, afectivo y moral. Ante tales circunstancias, el mercado de seguros siempre ha ofrecido alternativas viables para proteger a seres queridos mediante pólizas de vida, salud o incluso funerarias; cabe preguntarse si también cuenta con la

---

integrantes reales de su núcleo familiar. Este reconocimiento auténtico otorga una base suficiente para que el derecho les conceda legitimidad y las ampare, brindándoles una protección equivalente a la que se reconoce a las familias conformadas exclusivamente por seres humanos. (Condoy, 2023) suficiencia para abordar estas nuevas relaciones que se tienen con los animales. Lo anterior también se fundamenta en la presencia de conflictos en relación con estos; cada vez se presentan más conflictos en propiedades horizontales, accidentes y emergencias causadas por la presencia de ejemplares en determinadas zonas, lo que genera daños tanto patrimoniales como morales.

Por lo anterior, el siguiente apartado se centrará en estudiar el mercado actual de seguros para animales. Se estudiarán aquellos seguros designados en un ámbito económico y aquellas para animales domésticos o de compañía, para posteriormente estudiar su suficiencia para abordar conflictos y para reparar integralmente los perjuicios que se puedan ocasionar.

1.1 Cómo surge el seguro de animales

Desde el principio de la humanidad, la relación humano-animal ha estado marcada por la compañía y el apoyo mutuo, especialmente en el caso de los perros y los gatos. En el antiguo Egipto, estos últimos fueron considerados como figuras mitológicas, hasta el punto de ser venerados y representados en la música y el arte.[9] Las primeras regulaciones

[9] Las manifestaciones más antiguas de este culto se hallan en ciertos asentamientos del periodo Badariense, en los que los animales eran sepultados envueltos en lino o cubiertos con esteras, en proximidad a las tumbas humanas. Hacia el final del Periodo Predinástico, gran parte de las divinidades eran simbolizadas mediante figuras animales,

en materia de seguros en Colombia se remontan a la recopilación de las leyes de los Reinos de Indias, las cuales tenían una fuerte influencia española y se mantuvieron vigentes durante varios años posteriores a la independencia.

El desarrollo del sector asegurador en el país tiene su origen en el año 1874, durante la presidencia de Santiago Pérez, cuando se llevó a cabo una reunión con la participación de un grupo de notables, en la cual se constituyó una sociedad anónima denominada Compañía Colombiana de Seguros (Colseguros). Dicha entidad fue autorizada inicialmente para operar en el ramo del transporte, con el objetivo específico de asegurar las mercancías movilizadas por vía fluvial a través del río Magdalena con destino a Bogotá (Bravo y Fernández, 2011).

En 1904, como consecuencia de los problemas económicos que atravesaba el país y de la baja comercialización de los seguros de vida, surgió la necesidad de fusionar la Sociedad Nacional de Seguros de Vida con la Compañía Colombiana de Seguros. Posteriormente, en 1950, se creó la Asociación Colombiana de Seguros (Fasecolda), entidad que permanece vigente en la actualidad. Como lo indica Bravo (2004), en el año 1954 se constituyó la Reaseguradora de Colombia, entidad de propiedad de las compañías aseguradoras

---

aunque también existían representaciones con rasgos humanos. (Mariño, 2021) nacionales, creada con el propósito de incrementar la retención interna de las primas que hasta entonces eran transferidas al exterior mediante contratos de reaseguro.

En lo que respecta al surgimiento de los seguros para animales, estos tuvieron su origen a finales del siglo XIX en Suecia, donde la aseguradora Agria International expidió la primera póliza para un caballo. Posteriormente, en 1924 se aseguró el primer perro. En 1972 se tienen registros del aseguramiento del primer gato y, en 1977, del primer loro. No fue sino hasta 1982, en Estados Unidos, cuando este tipo de seguros adquirió mayor popularidad, a raíz del aseguramiento de la perra de raza collie de nombre Lassie, por la aseguradora "Veterinarian Pet Insurance (VPI)".

En el año 2002, el Congreso de la República de Colombia expidió la Ley 746,[10] mediante la cual se reguló la tenencia de los perros considerados potencialmente peligrosos. Esta norma creó un registro especial para dichos animales y estableció la obligación para sus propietarios de adquirir una póliza de responsabilidad civil extracontractual que cubriera los perjuicios patrimoniales que el animal pudiera causar a otras personas, bienes u otros animales. (Ley 746 de 2002, Art 3).

---

[10] La Ley 746 de 2002 tiene como finalidad establecer las normas que regulan la posesión de perros en áreas urbanas y rurales del país, con el propósito de salvaguardar la integridad de las personas, preservar la salud pública y garantizar el bienestar de los animales (Ley 746 de 2002, art 1, *Col*).

Adicionalmente, la ley dispuso que la póliza de seguro debía renovarse anualmente y que, en caso de que el propietario no la adquiera y el animal causara un daño, él estaría obligado a indemnizar y cubrir los perjuicios ocasionados. El Código Nacional de Seguridad y Convivencia Ciudadana ratificó esta obligación, al establecer que el propietario de un canino de manejo especial responde por los daños y perjuicios ocasionados, debiendo adquirir una póliza de responsabilidad civil extracontractual que ampare tales eventualidades y riesgos (Ley 1801 de 2016, Art. 127).

En este sentido, se otorgó al Gobierno Nacional un término de seis (6) meses para reglamentar dichas pólizas; sin embargo, su regulación sólo se materializó en el año 2022 mediante el Decreto 380, el cual estableció que la póliza debe tener una cobertura mínima de 50 S.M.L.M.V. y amparar riesgos como lesiones o muerte de personas o animales, así como daños a bienes de terceros. Asimismo, se dispuso que el seguro debía mantenerse vigente durante toda la vida del animal. (Decreto 380 de 2022, Art. 2.2.8.10.1).

Con base en lo anterior, puede afirmarse que el desarrollo de las pólizas de seguro para animales en Colombia se ha dado, principalmente, a partir de la obligación impuesta por el legislador de proteger la salud e integridad de terceros y de otros animales frente a los riesgos derivados de la tenencia de caninos de manejo especial.[11]

Como lo señalan Carmona y Cardona et al (2014) en Colombia distintas compañías aseguradoras comercializan productos orientados a atender las necesidades de los propietarios de mascotas, sin que estas deban pertenecer necesariamente a razas catalogadas como potencialmente peligrosas. En este contexto, el mercado ofrece pólizas cuya cobertura se enfoca principalmente en amparos de responsabilidad civil extracontractual, coberturas por gastos

---

[11] La jurisprudencia constitucional ha abordado, tanto en sede de tutela como en control abstracto de constitucionalidad, la problemática relacionada con la tenencia de perros potencialmente peligrosos. En el ámbito de la tutela, el tema ha sido examinado en diversas decisiones, mientras que, en sede de constitucionalidad, se realizó el control de la Ley 746 de 2002, cuyo pronunciamiento fue posteriormente reiterado. En el escenario de la tutela, la Corte ha conocido múltiples casos relativos a la permanencia de perros de razas consideradas potencialmente peligrosas en copropiedades y conjuntos residenciales. A partir de estos asuntos, ha construido una línea jurisprudencial en la que ha ponderado el derecho de los propietarios a tener este tipo de animales, bajo el entendido de que ello puede implicar el ejercicio de derechos fundamentales como el libre desarrollo de la personalidad, la intimidad, el debido proceso, la libre circulación y la igualdad. No obstante, tales prerrogativas han sido confrontadas, en determinados casos, con los derechos a la vida, la integridad personal, la tranquilidad familiar, la circulación, la intimidad, la recreación y el trabajo de quienes podrían verse afectados, amenazados o incluso lesionados por la presencia de estos animales (Corte Constitucional 2018, *Col*).

veterinarios derivados de accidentes o enfermedades y servicios de asistencia exequial.

En consecuencia, el mercado asegurador en Colombia evidencia una evolución progresiva frente a las transformaciones sociales y jurídicas, en las cuales los animales han dejado de ser concebidos como objetos susceptibles de apropiación para ser reconocidos como seres sintientes, respecto de los cuales se predica un deber de cuidado y protección. No obstante, la regulación vigente revela que el origen y la finalidad principal del seguro obligatorio para caninos de manejo especial[12] se orientan primordialmente a la protección de terceros frente a los riesgos derivados de la tenencia de estos animales, y no de manera directa al bienestar del animal asegurado.

---

[12] En múltiples ocasiones, una palabra empleada dentro de una oración puede generar dificultades interpretativas cuando su significado se modifica, lo que puede conducir a errores en su comprensión. Este problema se evidencia en el concepto utilizado por el Código para referirse a aquellos animales considerados peligrosos para el ser humano, es decir, los denominados animales fieros. Por ello, resulta necesario atender al contexto en el que surge la disposición o el concepto, pues este constituye una guía esencial para determinar su alcance. En el caso particular de la noción de animal fiero, su amplitud semántica impide que su interpretación sea siempre exacta. Factores temporales, sociológicos, científicos y culturales influyen en la evolución del término, de manera que un animal que en determinado momento fue calificado como fiero podría no serlo necesariamente bajo los criterios actuales (Vergara, 2025).

En este contexto, las pólizas voluntarias que amparan riesgos asociados a enfermedades o accidentes de las mascotas adquieren una relevancia creciente, en tanto permiten extender la función social del contrato de seguro hacia la garantía de la salud y la integridad del animal, superando el enfoque estrictamente indemnizatorio que caracteriza a los seguros impuestos por el legislador.

1.2. La actualidad del mercado de seguros en animales

Planteado el contexto histórico sobre el que se desarrollará el tema central del libro, se hace imperioso observar el estado del mercado de seguro de animales. Por ello, en el presente apartado se hará un análisis del mencionado mercado desde una óptica internacional y nacional.

La óptica internacional permitirá adoptar ideas y enfoques novedosos para los apartados posteriores del libro. Mientras tanto, la revisión del mercado nacional evidenciará fortalezas y debilidades del mercado local de seguros en animales de compañía, pudiendo implementarse nuevas ideas que busquen el bienestar tanto de dueños como de mascotas.

1.2.1. Mercado internacional - derecho comparado

Tal como se expuso en los apartados anteriores, Europa fue el escenario en el que se originó y consolidó el aseguramiento de animales, razón por la cual resulta necesario examinar las condiciones sociales, jurídicas y económicas que hicieron posible dicha evolución. Asimismo, es pertinente realizar un análisis comparativo con estados que presenten características similares a las de Colombia, con el propósito de evaluar posteriormente el comportamiento y desarrollo del mercado asegurador interno.

La transformación de las sociedades trajo consigo un cambio significativo en la percepción de los animales, quienes, en determinados contextos, dejaron de ser concebidos exclusivamente como bienes materiales. Este proceso permitió la incorporación del concepto de pet parenting,[13] entendido como la aceptación del animal como miembro integrante del núcleo familiar.

Según la Federación Europea de Alimentos para Animales de Compañía (FEDIAF,[14] 2025) para el año 2023 Europa registraba aproximadamente 299 millones de animales de compañía. En este contexto, el 49 % de los hogares contaba con al menos una mascota; el 25% de las familias tenía por lo

[13] La crianza de mascotas se distingue por la inversión de recursos económicos, emocionales y de tiempo en animales de compañía, principalmente perros y gatos, y es entendida como una modalidad de alocrianza; esto es, una forma de cuidado brindado por individuos distintos a los padres biológicos de las crías (Barina-Silvestri et al., 2024).

[14] Agrupa a 18 países y concentra aproximadamente el 95 % del mercado europeo de alimentos para mascotas, razón por la cual cumple un papel determinante en la provisión alimentaria de cerca de 352 millones de animales de compañía en Europa (Fediaf, 2024).

menos un perro, lo que equivale a 89.615.000 caninos en la región, mientras que el 26% de los hogares poseía al menos un gato, alcanzando una población estimada de 108.305.000 felinos.

En Europa, las pólizas de seguro para animales son ofrecidas tanto por proveedores públicos como privados y se extienden a diversas especies, entre ellas perros, gatos, caballos y otros animales. Las aseguradoras especializadas en este sector comercializan pólizas personalizadas, diseñadas de acuerdo con las preferencias de los propietarios, estructurando sus coberturas en función de la vida útil del animal y de los riesgos asociados a cada incidente.

El mercado europeo de seguros para mascotas se encuentra liderado por compañías como PetPlan Insurance, Embrace Pet Insurance Agency, LLC, Royal & Sun Alliance, PetHealth Inc. y Petfirst Healthcare, las cuales concentran una participación significativa dentro de este sector. En este contexto, se proyecta que el mercado europeo de seguros para mascotas, medido en términos del valor de las primas, crezca de USD 3,39 mil millones en 2024 a USD 5,30 mil millones en 2029, lo que representa una tasa de crecimiento anual compuesta (CAGR) del 9,36 % durante el período comprendido entre 2024 y 2029 (Mordor Intelligence, 2024).

- **Suiza**

Este país constituye un referente mundial en materia de protección animal, al ser el lugar donde se realizó el primer aseguramiento de un animal por parte de la hoy conocida Agria International. En 1978 se expidió la Ley Federal para la Protección de los Animales,[15] la cual, para su época, fue una de las más completas, al establecer disposiciones orientadas a la protección del bienestar animal, la investigación científica, la ganadería, los tratamientos médicos y el comercio de animales.

La creación de la figura del Abogado de los Animales (Animal Protection Lawyer, APL)[16] en el cantón de Zúrich en 1992 constituyó un hito pionero en el desarrollo del Derecho Animal. Este cargo tenía como función actuar como representante legal de los animales en actuaciones judiciales, garantizando la protección de sus intereses y la correcta aplicación de la normativa vigente. Si bien dicha figura fue

---

15 Se prescribieron reglas de conducta que deben ser observadas en el trato con los animales, orientadas a garantizar su protección y bienestar (art. 1.1). Posteriormente, en el año 2000, se incorporó el artículo 80 a la Constitución, bajo el título "Protección de los Animales", el cual prevé la expedición de normas destinadas a la protección de los animales (Franciskovic, 2013).

16 En el año 2010, el 70,5 % de los ciudadanos suizos votó en contra de la reforma constitucional que buscaba obligar a los cantones a establecer la figura de un defensor legal de los animales ante los tribunales. La consulta, de carácter vinculante, se celebró dos años después de que la asociación Protección de los Animales en Suiza (PSA) lograra reunir más de 149.000 firmas con el fin de someter la iniciativa a votación (Meritxell, 2010).

suprimida en 2014, su implementación estableció un referente internacional en materia de defensa jurídica directa de los animales (Cuse, 2026). Para el año 2023, se registraban aproximadamente 525.000 perros, 1.520.000 gatos y 108.000 aves ornamentales, entre otros, lo que representa una población total de 2.972.000 animales de compañía en todo el territorio.

La totalidad de los perros y sus propietarios deben estar debidamente registrados, correspondiendo a los municipios llevar el control de cualquier modificación relevante, como el cambio de domicilio, la transferencia de propiedad o el fallecimiento del animal. Una vez inscrito el perro, el municipio o cantón correspondiente emite una factura anual por concepto del impuesto canino. El valor de este tributo, que generalmente oscila entre 100 y 200 francos, puede variar según el municipio y de acuerdo con criterios como el tamaño o el peso del animal (Swissinfo, 2023). De esta manera, la normativa establece un mayor control sobre la tenencia de perros, los cuales además deben contar con microchip a partir de los tres meses de edad.

Las pólizas de seguro coinciden, en términos generales, en la cobertura de riesgos asociados a enfermedades o accidentes, incluyendo tratamientos médicos, cirugías, hospitalizaciones, así como la responsabilidad civil por daños causados a terceros y, de forma ocasional, indemnizaciones por la muerte o pérdida del animal. Para el año 2024, el mercado asegurador reportó ingresos por 85,3 millones de dólares estadounidenses, siendo el seguro de accidentes la cobertura que generó mayores ingresos, mientras que las coberturas por accidentes y enfermedades registraron el mayor crecimiento. Se proyecta que, para el año 2033, el mercado alcance ingresos por 239,7 millones de dólares, con una tasa de crecimiento del 11,5% (Horizon, 2025).

En conclusión, el caso suizo evidencia un modelo avanzado e integral de protección animal,[17] en el que intervienen una regulación idónea, mecanismos efectivos de control y un mercado asegurador especializado que responde a las transformaciones y necesidades sociales. La evolución del seguro para animales de compañía no surge de manera aislada, sino como consecuencia directa del reconocimiento progresivo

[17] En un conjunto de 40 publicaciones que analizan experiencias o proponen planes de control de perros en condición de calle (PCC), el 25 % identifica la educación comunitaria como el principal mecanismo para el control de la población canina callejera. Asimismo, la totalidad de estos estudios señala, de manera directa o indirecta, que la educación constituye un factor determinante para el éxito de cualquier programa de control, con independencia de las técnicas implementadas. Por otra parte, de los 43 países examinados, el 19% reporta la educación como su principal estrategia de control. De manera coincidente, estos ocho países —Bélgica, Dinamarca, Finlandia, Alemania, Holanda, Noruega, Suecia y Suiza— son los únicos que la literatura revisada describe como "libres de perros callejeros". (Rspca y Wspa, 2008)

de los animales como seres merecedores de protección, superando su concepción tradicional de ser bienes patrimoniales.

En este sentido, la experiencia suiza se establece como un referente importante de comparación, sobre todo en mercados como el colombiano, en el cual el reconocimiento de los animales como seres sintientes trae consigo una serie de retos legislativos, donde el mercado asegurador juega un papel importante para la implementación de esquemas de aseguramiento que no solo protegen al animal, sino además a toda la sociedad.

- **España**

Históricamente, España se ha caracterizado por el desarrollo de normas orientadas a la protección y garantía del bienestar animal.[18] Ejemplo de ello es la promulgación de la Ley 7 de 28

[18] Las primeras normas europeas en materia de protección animal surgieron en la década de 1980; sin embargo, fue en 1998 cuando entró en vigor la Directiva relativa a la protección de los animales en las explotaciones ganaderas. Esta normativa establece criterios generales destinados a la protección de todos los animales —incluidos peces, reptiles y anfibios— criados o mantenidos para la producción de alimentos, lana, cuero, pieles u otros fines ganaderos. La Directiva se fundamenta en la Convención Europea para la Protección de los Animales en Explotaciones Ganaderas, firmada en 1978 (Parlamento Europeo, 2020).

de marzo de 2023,[19] mediante la cual se regulan y protegen los derechos y el bienestar de los animales. En esta normativa, los propietarios de perros deben acreditar la realización de un curso de formación para la tenencia responsable, el cual tiene una validez indefinida. Asimismo, se establece la obligación de contratar y mantener vigente una póliza de seguro de responsabilidad civil extracontractual que incluya dentro de sus coberturas los daños ocasionados a terceros durante toda la vida del animal (Ley 7 de 2023, art. 30, Esp).

Esta reglamentación incorpora al ordenamiento jurídico una nueva obligación aplicable a los propietarios de perros de cualquier clase o raza, superando el enfoque restrictivo que anteriormente se limitaba a los caninos considerados potencialmente peligrosos. De igual forma, la norma impone la identificación obligatoria mediante microchip y establece la castración obligatoria de los felinos como medidas adicionales de control y bienestar animal.

---

[19] Junto con la pretensión de establecer un mínimo común de derechos y obligaciones en la relación con los animales, resulta fundamental destacar un elemento central de la ley que debe orientar su interpretación, desarrollo y aplicación futura: el enfoque biocéntrico adoptado en su preámbulo para abordar la cuestión de los derechos y el bienestar animal. El biocentrismo, a diferencia del antropocentrismo, promueve la preservación de todos los seres vivos en atención a su valor moral intrínseco, y no exclusivamente en función de la utilidad que puedan representar para el ser humano. (Galiana y Marqués, 2023)

Como lo indica la aseguradora Línea directa (2024) la Ley de Bienestar Animal establece la obligatoriedad de asegurar a los perros con independencia de su raza. Sin embargo, cerca del 30% de los propietarios reconoce que todavía no cuenta con una póliza para su mascota, una cifra especialmente llamativa si se considera que, en los últimos años, la llamada perromanía ha experimentado un notable crecimiento en el país. De hecho, en España hay casi un 40% más de perros que de niños, pese a lo cual los dueños de animales de compañía aún muestran reticencia a contratar los seguros.

El mercado de los animales ha mantenido un crecimiento constante en todo el mundo, por lo cual, en España se contabilizan más de 30 millones de animales de compañía, entre los que se incluyen 9,3 millones de perros, 5,8 millones de gatos, 7,8 millones de peces o animales de acuario, 5,0 millones de aves, 1,4 millones de reptiles y 1,5 millones de pequeños mamíferos.

Según Nieto Alite (2024) en promedio existen dos mascotas por cada niño y el 43% de los hogares cuenta con al menos un animal de compañía, aunque únicamente el 3% de ellos dispone de un seguro. Por su parte, el sector de la salud animal —en el ámbito de los pequeños animales— genera 2.613 millones de euros, lo que se traduce en 40.120 empleos directos y 10.636 indirectos en clínicas veterinarias.

Se han dejado atrás, entonces, aquellos seguros básicos de responsabilidad civil y de asistencia veterinaria por accidentes. En la actualidad existen pólizas que incluyen coberturas tan amplias como tratamientos veterinarios especializados e incluso terapias alternativas. En este contexto, la mayoría de los animales de compañía recibe atención veterinaria periódica como las destinadas a vacunación, desparasitación o chequeos rutinarios.

La prevención[20] se ha establecido como el núcleo fundamental de estas pólizas, donde las compañías de seguros utilizan su libertad comercial para crear planes que atraigan nuevos clientes y suplan sus necesidades. Actualmente, solo el 3% de los animales tiene un seguro de salud, estimándose en ventas anuales cercanas a 3,5 MM de euros. En la oferta aseguradora se identifican, esencialmente, tres modalidades: los seguros de responsabilidad civil y accidentes, cuyas primas suelen situarse entre 50 y 130 euros; los seguros de asistencia veterinaria, que cubren enfermedad y accidente, con primas que oscilan entre 100 y 300 euros; y los seguros mixtos, que

---

[20] Desde las antiguas medidas de protección adoptadas por el ser humano en las primeras etapas de la historia, hasta la época actual, caracterizada por un elevado desarrollo industrial y el uso de técnicas sofisticadas —útiles, pero en ocasiones peligrosas—, la prevención ha adquirido una importancia cada vez mayor y un alcance más amplio. Ya no se limita únicamente a evitar o reducir los daños, sino que se orienta a la protección del patrimonio de la comunidad (Caballero, 1974).

integran ambas coberturas y presentan primas aproximadas entre 150 y 400 euros (López y Martin, 2024).

La regulación española refleja una evolución normativa coherente con el reconocimiento de los animales como seres sintientes y sujetos de protección. La imposición de medidas y reglamentos universales a los propietarios de perros evidencia un enfoque preventivo orientado no solo a la protección del animal, sino también a la seguridad pública y a la responsabilidad social.

Este modelo normativo consolida al mercado asegurador como un actor clave dentro del sistema de bienestar animal,[21] donde la responsabilidad y protección no deben ser solo por parte del Estado, la sociedad y el mercado. Todos los actores comparten una obligación solidaria, con la proyección de un referente relevante para otros ordenamientos jurídicos. Particularmente, aquellos que, como el colombiano, necesitan articular dicha protección con instrumentos jurídicos y económicos eficaces.

- **Francia**

---

21 Se conciben como derechos de los animales aquellas garantías orientadas a asegurar su buen trato, respeto y protección, las cuales se fundamentan en su condición de seres sintientes. Estos derechos implican, correlativamente, deberes jurídicos para las personas, especialmente para quienes mantienen algún tipo de contacto o relación con ellos (Ley 7 de 2023, artículo 1.2, *Esp*).

Para el año 2024, el territorio francés se consolidó como el cuarto país de Europa con la mayor población de animales de compañía, registrando cerca de 75 millones de mascotas, frente a una población humana de 67,8 millones de habitantes, lo que evidencia la existencia de un mayor número de animales de compañía que de personas.

Por regla general, todos los perros y gatos deben contar con identificación y esquemas de vacunación obligatorios. Si bien existen seguros para animales de compañía, actualmente no hay una norma que imponga de manera obligatoria la contratación de un seguro para mascotas, a diferencia del microchip, cuya implantación sí es obligatoria para los perros (Haslam, 2026). De conformidad con la legislación interna, el propietario del animal responde por los daños causados por este, ya sea durante su custodia, en caso de extravío o cuando el animal se encuentre escapado.

La industria de los animales de compañía atraviesa un notable crecimiento en Francia, y todos los indicadores señalan que el mercado continuará expandiéndose de manera significativa en los próximos años. Se trata de un sector que genera aproximadamente 5.000 millones de euros anuales, en el cual el 50,5 % de los hogares posee al menos un animal de compañía y el 43,5 % cuenta con un perro o un gato. En promedio, los hogares franceses destinan alrededor de 1.500 euros anuales por perro y 1.000 euros por gato (Aedpac, 2025).

En el año 2023, el Ayuntamiento de París aprobó un plan de subsidio para procedimientos de salud dirigidos a perros y gatos, mediante el cual los propietarios pagaban una prima anual de 60 euros. En este contexto, la atención sanitaria en Francia se financia en gran medida a través del Estado; sin embargo, la mayoría de la población contrata un seguro privado complementario, conocido como mutuelle, con el fin de ampliar y complementar las prestaciones del sistema público.

No obstante, cada año cerca de 60.000 mascotas son abandonadas.[22] La mayoría de ellas se encuentran en grave estado de salud, siendo la incapacidad de asumir los costos del tratamiento veterinario una de las principales causas del abandono, situación que se ve agravada por el incremento sostenido de las tarifas veterinarias y de los tratamientos médicos. En la actualidad, la mayoría de las pólizas de seguro para animales de compañía incorporan coberturas orientadas al bienestar y la prevención, así como esquemas de

---

[22] Este impulso por legislar de manera positiva contra el maltrato animal se ha materializado en la adopción de normativa específica sobre bienestar animal y protección frente al maltrato de animales de compañía y équidos. Dicho proceso culminó con la aprobación de la Ley del 30 de noviembre de 2021 para combatir el maltrato animal y reforzar el vínculo entre los animales y las personas, cuyo objetivo principal es prevenir el abandono y facilitar la labor de los denominados "actores de la protección animal". La reforma endurece el régimen sancionatorio, estableciendo penas de hasta tres años de prisión y multas de hasta 45.000 euros (Arregui, 2024).

hiperpersonalización e integración tecnológica, los cuales complementan las tradicionales pólizas básicas de accidentes y emergencias.

El caso francés demuestra que un mercado asegurador desarrollado y un sólido sistema público de protección no requieren, necesariamente, la imposición legal de un seguro obligatorio, a diferencia de otros estados europeos en los que la contratación de seguros sí es exigida por la normativa.

No obstante, se evidencia una serie de limitaciones en el acceso a la atención veterinaria, relacionadas con la capacidad económica del propietario. En este contexto, la ausencia de una obligación legal, sumada al encarecimiento progresivo de los servicios veterinarios, contribuye al aumento del abandono de animales, configurándose así una forma indirecta de maltrato animal. Esta situación pone de manifiesto una tensión estructural entre la responsabilidad del propietario, el bienestar animal y la eficacia del aseguramiento voluntario, lo que conduce a plantear el siguiente interrogante: ¿el bienestar animal se encuentra directamente vinculado a la imposición de obligaciones legales en materia de aseguramiento?

- **Reino Unido**

Se pasa entonces al Reino Unido, nación que ha sido considerada pionera en la emisión de políticas de protección animal y en el reconocimiento de sus derechos. Situación que no solo se debe a los esfuerzos realizados en los últimos años, sino a estar a la vanguardia de los avances históricos en la protección de los animales.[23]

Lo anteriormente mencionado se ve ampliamente reflejado en su presente, con una cultura pródigamente animalista.[24] Según cifras de FEDIAF (2025) Reino Unido es el país europeo con más mascotas con cifras de alrededor de 38.800.000 animales de compañía en el territorio nacional, en donde se destaca la presencia de alrededor de 11.700.000 perros. Esta cultura animalista se ve reforzada por el gobierno nacional, el cual, a día de hoy, continúa expidiendo leyes de forma permanente. Uno de los grandes propósitos es seguir siendo una nación pionera en el futuro.[25]

---

23 El Reino Unido se consolidó como el primer Estado en sancionar y proscribir el maltrato animal, al expedir en 1822 la primera normativa a nivel mundial orientada a la protección del ganado y de los caballos. Posteriormente, en el año 1900, el alcance de dicha regulación se amplió para incluir a los animales domésticos. A su vez, desde 1902 se estableció de manera expresa la prohibición de las peleas de perros en todo el territorio nacional. (Galan, 2023)

24 El Reino Unido se caracteriza por una marcada cultura de aprecio hacia los animales, como lo expone Campbell en 2014, en la que las mascotas son concebidas como integrantes del núcleo familiar, tal como señalan Charles y Aull Davis en 2008. Esta percepción se ve reflejada en los datos reportados por la Pet Food Manufacturers' Association en 2021, según los cuales el 41 % de los adultos del Reino Unido es propietario de al menos un animal de compañía. (Turgoose et al, 2023)

25 El gobierno del Reino Unido dio a conocer el 12 de mayo de 2021 un plan integral orientado a la protección de los derechos de los

El mercado de seguros no se aparta de este fenómeno, con una amplia gama de ofertas en el mercado para aquellas personas que buscan proteger a sus mascotas de la multiplicidad de riesgos y peligros. A pesar de no ser obligatorio, cerca de la mitad de los hogares interespecíficos en el Reino Unido cuentan con pólizas de seguro para mascotas, de acuerdo con los datos reportados por Mintel en 2021. Estos seguros para animales de compañía se estructuran con la finalidad de reducir el impacto económico derivado de los costos asociados a tratamientos veterinarios por lesiones o por la aparición de enfermedades, los cuales, de no existir cobertura aseguradora, podrían resultar excesivamente onerosos para los propietarios (Turgoose et al., 2023).

---

animales, el cual contempla medidas como el combate al tráfico ilegal de cachorros, la prohibición de la importación de trofeos de caza pertenecientes a especies protegidas y la restricción de la comercialización del foie gras. En este contexto, el propio Ejecutivo destacó que, tras la salida del país de la Unión Europea, el Reino Unido cuenta con un mayor margen de autonomía para fortalecer los estándares de bienestar animal y afianzar su posición como referente internacional en la defensa de los derechos de los animales. Asimismo, se anunció la presentación de un proyecto legislativo que reconoce expresamente a los animales como seres dotados de sensibilidad. De igual forma, el ministro de Medio Ambiente, George Eustice, señaló que el país asumirá un liderazgo en la protección animal a nivel internacional mediante la aplicación de la prohibición más estricta del comercio de marfil y la eliminación de los trofeos de caza, con el fin de salvaguardar especies consideradas emblemáticas. (DW, 2021)

La proliferación de este tipo de seguros ha convertido al Reino Unido en uno de los mercados más grandes de seguros de animales, con un crecimiento disruptivo en los últimos 15 años y que se espera siga en aumento.[26] A pesar de lo anterior, con la irrupción de doctrinantes de habla inglesa que promueven los derechos de los animales, como Peter Singer o Steven Wise, corriente que ha permeado parte de la doctrina británica, se han realizado una serie de críticas al mercado asegurador, con el fin de que se garantice una protección integral a partir del mercado de seguros.

Es así como autores como Turgoose et al (2023) han examinado el contrato de seguro de animales que se comercializa en el estado británico, logrando identificar exclusiones que no permiten una protección eficiente de los animales, existiendo una discriminación en los seguros de animales. Su investigación se centra en identificar aquellas exclusiones que pueden llegar a ser discriminatorias en el escenario en que el animal sufra de maltrato, además de plantear la tesis de que estas prácticas también son fuertes indicadores de violencia doméstica.

---

[26] En el Reino Unido, la contratación de seguros para mascotas evidenció un aumento sostenido, al pasar de 2,8 millones de personas aseguradas en 2013 a 3,6 millones en 2018, lo que implica un crecimiento de 800.000 individuos en un lapso de cinco años. Este proceso de expansión alcanzó su mayor nivel en 2017, cuando se registraron aproximadamente 3,8 millones de personas con pólizas de seguro para animales de compañía. (Saldaña, 2020)

Exclusiones como la de actos malintencionados de terceros, por actos dolosos del tomador o miembros de su familia, omiten que muchas veces los animales de compañía sufran de maltrato. Esto, como consecuencia de represalias frente a otro miembro de la familia. Al asegurar estos riesgos es posible emitir alertas tempranas de maltrato. Además, es viable evitar la revictimización del maltratado en el ámbito doméstico, incluido el animal que sufre de prácticas irregulares por parte de abusadores, quienes habitan al interior del hogar.

A pesar de las críticas doctrinales, el mercado de seguros para animales del Reino Unido también cuenta con algunas prácticas comunes sumamente beneficiosas, las cuales se pueden evidenciar en las condiciones que se plantean a la hora de adquirir una póliza. Algunas aseguradoras ofrecen un seguro que cuenta con una gran cobertura de gastos veterinarios. El seguro se adapta al tipo de mascota, cubriendo también la responsabilidad civil causada por perros y el amparo por robo o pérdida.

En la póliza, la compañía se puede encargar de cubrir gastos veterinarios de elevadas cuantías, pero adicionalmente, el seguro incluye terapia conductual para la mascota evitando problemas de ansiedad o agresividad y, asimismo, es viable amparar la responsabilidad civil.

En conclusión, el mercado británico es un mercado consolidado que se ha visto impulsado por la gran cultura animalista que ha caracterizado a la nación a lo largo de su historia. Los planes de seguros incluyen, en suma, grandes coberturas y servicios que parecen novedosos, como la terapia conductual, que se centran más en evitar el accidente que en simplemente indemnizar. A pesar de lo señalado, parte de la doctrina en seguros considera que hay oportunidades de mejora.

- **Estados Unidos**

En la evolución de la relación humano-animal, se han establecido diferentes formas de interacción, desde el apoyo emocional[27] y herramientas de tratamiento médico, entre otras. En los Estados Unidos, este reconocimiento ha dado lugar a la expedición de normas que autorizan la permanencia de animales con fines terapéuticos en viviendas en las que, por regla general, no se admite la tenencia de mascotas. En estos supuestos, el animal no es catalogado como mascota, sino como un elemento indispensable para un tratamiento médico o

---

[27] La asistencia en salud mental con animales constituye una iniciativa que puede entenderse como un proyecto social innovador, orientado a ofrecer soluciones a personas que presentan afectaciones en su salud mental. La intervención asistida con animales puede facilitar los procesos terapéuticos, en la medida en que, analizada desde distintas perspectivas de la salud, genera impactos positivos en el bienestar emocional y psicológico. Estas iniciativas se estructuran a partir de una combinación interdisciplinaria que evidencia cómo la interacción con animales puede desempeñar un papel significativo en determinadas situaciones o etapas de la vida del ser humano (Páramo y Galvis, 2010).

como apoyo a una condición de discapacidad (Gómez, et al, 2007).

La aseguradora Veterinary Pet Insurance, fundada en 1980 por más de 750 médicos veterinarios, se ha consolidado como una de las entidades más reconocidas y especializadas en seguros para animales de compañía en los Estados Unidos. Su trayectoria incluye el aseguramiento de un número significativo de mascotas, y su proyección y posicionamiento en el mercado se vieron significativamente fortalecidos en 1982, cuando asumió el aseguramiento de Lassie, uno de los animales más emblemáticos de la cultura popular a nivel mundial.

Por su parte, la ASPCA (American Society for the Prevention of Cruelty to Animals), creada en 1866, combina la actividad aseguradora con una labor social orientada a la protección animal. En consonancia con sus principios institucionales, comercializa el seguro que reembolsa un porcentaje de los gastos en los que incurra el propietario. Adicionalmente, permite la atención del animal en cualquier clínica veterinaria dentro de los Estados Unidos y Canadá.

En los Estados Unidos, para el año 2011, más de un tercio de los hogares contaba con uno o más perros, mientras que poco menos de un tercio tenía uno o más gatos. Estimaciones más recientes indicaban que, entre los años 2015 y 2016, más del 44% de los hogares estadounidenses contarían con al menos un perro de compañía (Díaz, 2017). Según

Naphia (2025) en el año 2024 el país registraba aproximadamente 89,7 millones de perros y 73,8 millones de gatos. No obstante, únicamente alrededor de 6,4 millones de animales de compañía contaban con una póliza de seguro. De este total, los perros representaban el 75,6 % y los gatos el 23,5 %.

En el mercado estadounidense operan cerca de 30 compañías aseguradoras,[28] las cuales han establecido un valor promedio anual de la prima de 750 dólares para perros y 386 dólares para gatos. En este contexto, durante el año 2024 el sector experimentó un crecimiento del 20,8% alcanzando ingresos aproximados de 5.000 millones de dólares, con proyecciones que estiman un incremento hasta 15,71 mil millones de dólares para el año 2030 (Naphia, 2025).

Sin embargo, pese al elevado número de mascotas en los hogares estadounidenses y al aumento del mercado, la penetración del seguro para animales de compañía sigue siendo relativamente baja, lo que revela una brecha entre la alta

---

[28] Las compañías de seguros surgieron con el propósito de mitigar los efectos económicos adversos derivados de acontecimientos imprevistos. Para ello, celebran contratos de seguro —materializados en pólizas— mediante los cuales se comprometen a indemnizar al beneficiario por un monto determinado, igual o inferior a la pérdida económica sufrida, siempre que el siniestro cubierto ocurra dentro del periodo de vigencia del contrato (Bowers et al, 1997).

tenencia de mascotas y la cobertura efectiva mediante pólizas de seguro.

Finalmente, los datos económicos muestran que el aseguramiento de animales de compañía constituye un sector en expansión, con perspectivas de crecimiento significativas a mediano plazo. Esta realidad permite afirmar que el seguro para mascotas no solo responde a una necesidad económica, sino que se inserta en una tendencia más amplia de reconocimiento del bienestar animal como un asunto de interés social, jurídico y económico.

1.2.2. Mercado nacional

Analizado el mercado internacional, en el que se reflejan la multiplicidad de opciones en la adquisición de seguros para animales, es importante realizar un estudio del mercado colombiano. Se debe destacar que dicho estudio de mercado se hará teniendo en cuenta las necesidades de la población colombiana. Así las cosas, de acuerdo con una encuesta realizada por el Departamento Administrativo Nacional de Estadística (Dane) el 67% de los hogares colombianos convive con al menos un animal de compañía, lo que evidencia una tendencia creciente a integrar mascotas dentro del núcleo familiar (Bravo, 2023).

Lo anterior, pone de manifiesto que Colombia presenta una cantidad de mascotas por familia mayor en alrededor de 20 puntos porcentuales que la gran mayoría de países en el mundo, cifra que sigue en aumento, lo que nos permite establecer la gran importancia que han adquirido las mascotas en la vida de los colombianos. Podemos decir que se han instaurado gran cantidad de familias multiespecie en el territorio nacional, lo que también ha generado un crecimiento desbordante del mercado de mascotas en el país.[29]

El sector asegurador no es ajeno a esta realidad. En la actualidad se encuentran múltiples ofertas de seguros para mascotas, dentro de las que está el seguro obligatorio para perros de manejo especial del que se habló con anterioridad. Por ello, se procederá a analizar algunas de las ofertas presentes en el mercado, con el fin de establecer la suficiencia de estas pólizas para abarcar las necesidades reales de la población propietaria de mascotas y realizar un contraste con los avances jurídicos en la materia. Posterior a esto, se analizarán problemas jurídicos que pueden suscitarse de manera común en todas las pólizas.

Las pólizas ofrecen, en efecto, diferentes opciones. Entre ellas una cobertura completa que permite cuidar con

---

[29] Para el año 2021, durante los cinco años anteriores, el mercado de bienes y servicios dirigidos a animales de compañía en Colombia registró un crecimiento del 84,9%, lo que refleja la consolidación de este sector dentro de la economía nacional. En la actualidad, la oferta asociada a las mascotas es amplia y continúa en expansión, abarcando no sólo servicios básicos de salud y cuidado, sino también actividades orientadas al bienestar y al esparcimiento, como spas, centros de estética y gimnasios especializados (Bancolombia, 2021).

tranquilidad a las mascotas de forma asequible. Las coberturas principales bajo las cuales se promocionan las pólizas, en general, son: gastos médicos por enfermedad o accidente, daños a terceros y servicios exequiales. También se promocionan coberturas por gastos veterinarios, guardería, paseador, hotel para mascotas, asesoría jurídica telefónica y coberturas médicas domiciliarias.

No obstante, al examinar el contenido de algunas pólizas, se advierte que las coberturas se encuentran dirigidas principalmente a salvaguardar el patrimonio del propietario y de terceros, más que a garantizar una protección directa de los animales. Dentro de los amparos previstos se incluyen la cobertura por muerte accidental del asegurado o de los miembros de su núcleo familiar ocasionada por la mascota asegurada o por la mascota de un tercero; los gastos médicos derivados de accidentes causados por dichas mascotas; la incapacidad total temporal generada por accidentes relacionados con la mascota asegurada o la de un tercero; así como el auxilio por perjuicios patrimoniales.

De algunas pólizas resultan particularmente relevantes dos aspectos fundamentales. En primer lugar, las coberturas efectivamente contempladas no coinciden con aquellas que son promocionadas en el texto de la póliza, lo que conduce a que, más que tratarse de un seguro orientado a la protección de las mascotas, se configure como un seguro destinado a cubrir los riesgos y daños ocasionados por estas. Incluso, la cobertura se puede extender a siniestros causados por mascotas pertenecientes a terceros, reforzando así su carácter predominantemente patrimonial y de responsabilidad frente a daños ocasionados a otras personas.

En algunos seguros se hace especial énfasis en la protección del núcleo familiar y de terceros que pudieran resultar perjudicados, lo que permite pensar que, bajo este seguro, el bienestar de la mascota asegurada puede pasar a un segundo plano.

Es importante tener en cuenta las coberturas, y trascendental que no se excluya expresamente el pago de lucro cesante a los afectados. Es inadecuada la exclusión de el daño ocasionado por perros de manejo especial en el amparo, pues la ley exige que el seguro de responsabilidad obligatorio con que deben contar estos animales sea superior a 50 S.M.M.L.V.[30]

---

[30] El Decreto 380 de 2022 establece en su artículo 2.2.8.10.2 ,que la póliza de responsabilidad civil exigida para caninos de manejo especial debe contar con un valor asegurado mínimo equivalente a cincuenta (50) salarios mínimos legales mensuales vigentes por cada animal. Dicho monto representa el límite máximo de responsabilidad asumido por la aseguradora y puede ser utilizado para cubrir uno o varios siniestros ocurridos durante la vigencia del contrato, hasta el agotamiento del capital asegurado. Asimismo, la normativa dispone que el propietario debe garantizar la permanencia del seguro durante toda la vida del ejemplar, sin perjuicio de que la póliza sea expedida o renovada con periodicidad anual. (Decreto 380 de 2022, *Col*)

Existen pólizas que pretenden asegurar de forma confiable a perros y gatos. Dentro de sus coberturas son imperativos los amparos de responsabilidad civil extracontractual, la asistencia jurídica telefónica ilimitada, la muerte accidental del animal, el sacrificio, la cobertura de estadía en residencia canina y la asistencia exequial, por ejemplo.

Es necesario, además, el aseguramiento de los citados perros de manejo especial. Estos deben estar plenamente identificados con microchip para realizar el aseguramiento, siguiendo todos los parámetros legales. La cobertura por responsabilidad civil extracontractual debe amparar daños materiales o corporales que sufran terceros, de los que pueda resultar civilmente responsable el asegurado. Es preciso cubrir la culpa grave y el daño producido con inobservancia de normas de derecho positivo. Además de lo anterior, la indemnización por muerte accidental del animal debe contemplar un límite considerable de indemnización.[31]

---

[31] En el mercado colombiano existen razas comunes que superan este valor; en cuanto a perros se pueden encontrar: Husky Siberiano, el Golden Retriever, el Labrador Retriever, el Pastor Alemán, el Bulldog Inglés, el Bulldog Francés, el Pomerania, el Shih Tzu, el Rottweiler, el Doberman, el Bull Terrier, el Chow Chow, el Akita Inu, el Samoyedo, el Basset Hound, el Cocker Spaniel inglés, el Dálmata, el Boxer y el Mastín Inglés. Frente a los gatos: Maine Coon, el bengalí, el Persa, el British Shorthair, el Scottish Fold, el Sphynx, el Ragdoll, el Siamés de línea pura, el Azul Ruso, el Abisinio, el

Se reitera que, dentro de sus coberturas, la póliza debe amparar la responsabilidad civil por daños a terceros, gastos veterinarios, gastos exequiales y funerarios y gastos por robo o pérdida de la mascota. Además, dependiendo del plan que se escoja, la póliza debe contar con una amplia gama de servicios complementarios.

Se destaca en este tipo de seguros que la cobertura por responsabilidad civil por daños a terceros cubre daños patrimoniales y extrapatrimoniales, brindando una mayor seguridad jurídica en la tenencia de mascotas. También es pertinente la cobertura denominada por robo o pérdida de la mascota, la cual se puede considerar innovadora y poco común en el sector, pues se encarga de cubrir los gastos en los que incurra el propietario para la búsqueda de su mascota. Dicha cobertura se puede contemplar como un reconocimiento del valor moral más allá del económico. Sin embargo, se echa de menos una cobertura por muerte de la mascota, siendo necesaria para la reparación integral del asegurado en el caso en que su mascota fallezca de forma accidental.

Entonces, la póliza debe contener, se reitera, el amparo de responsabilidad civil extracontractual por daños ocasionados por la mascota y cobertura por muerte accidental. También, dependiendo del plan que se escoja, el usuario debe

---

Birmano, el Noruego del Bosque y el Savannah son razas que superan este valor y que están frecuentemente en los hogares.

acceder a servicios y amparos complementarios como gastos veterinarios, traslados por emergencia y entrega de medicamentos a domicilio. Es pertinente el amparo por muerte accidental del animal, el cual no parece estar restringido a su valor netamente comercial o a un valor determinado.

A pesar de ello, este último amparo cuenta con condiciones rígidas; no se cubren los actos malintencionados de terceros ni los eventos vandálicos, lo que limita esta cobertura a hechos netamente accidentales, ajenos a cualquier tipo de voluntad, siendo un obstáculo en la reparación cuando el siniestro se produzca por acciones derivadas de la voluntad de terceros.

Capítulo 2

Análisis del mercado de seguros colombiano

Analizado el mercado nacional, surge la siguiente pregunta: ¿debe el seguro para animales cambiar de un modelo indemnizatorio patrimonial a un modelo de aseguramiento del bienestar animal como bien jurídico autónomo e independiente? Para dar respuesta a la anterior pregunta, se hace necesario exteriorizar las distintas tensiones estructurales que se observan frente a los animales de compañía. Es pertinente responder al cambio en el que se ha visto envuelto el estatus jurídico de los animales, específicamente, los de compañía.[32]

Se debe tener en cuenta que, para plantear un modelo de seguro eficaz y uniforme en la práctica, debe superarse la visión de los animales como simples objetos patrimoniales, teniendo en cuenta las tendencias jurídicas de reconocimiento de protección constitucional, legal y jurisprudencial.

---

32 En América Latina, países como Colombia y Uruguay han adoptado marcos normativos orientados a la protección de los animales de compañía, estableciendo sanciones y consecuencias jurídicas para quienes incurran en conductas de maltrato. Por su parte, en México, aunque existen disposiciones legales destinadas a la protección animal, el país registra uno de los índices más altos de animales en situación de calle, lo que evidencia desafíos significativos en la implementación y eficacia de dichas regulaciones. (Villafane, Gómez y Gómez, 2020).

Es así como, por medio del contraste entre las garantías otorgadas recientemente a los animales y el mercado actual, se lograron identificar algunos ejes clave sobre los que se debe trabajar en el mercado asegurador, con el fin de superar aquellos obstáculos que se evidencian actualmente en la implementación de las pólizas. Sin embargo, el capítulo no se limitará a describir los problemas del mercado de seguro, sino además aquellos obstáculos presentes en la legislación que favorecen el mercado inestable que dificulta la consecución de distintos mandatos constitucionales.

Para ello, se iniciará con el analisis de la responsabilidad por la tenencia de animales desde la legislación civil, argumentando como mediante la implementación de cambios en el régimen de responsabilidad puede ser una herramienta para fomentar el aseguramiento y la práctica de tenencia responsable. Posteriormente, se realizará un análisis respecto de como el seguro actual respondería a este cambio. Por último, se abordarán algunas cláusulas y exclusiones del seguro actual que irían en contra de principios constitucionales, dentro de los que se encuentra la protección animal, ambiental y la reparación integral.

2.1. Análisis de la responsabilidad por la tenencia de animales

Uno de los temas que se debe revisar con el fin de establecer la eficacia en la práctica de las pólizas de animales es el tema de la responsabilidad. Es necesario determinar si realmente las coberturas de responsabilidad actuales se ajustan al régimen de responsabilidad por el hecho de animales de compañía[33] en el ordenamiento jurídico colombiano. Así las cosas, es importante empezar a realizar una revisión del ordenamiento jurídico, con el fin de comprender y desglosar la tesis que se mantendrá sobre el régimen de responsabilidad aplicable en estos casos.

Los regímenes de responsabilidad los encontramos en el Código Civil, mismo código normativo en el que se encuentra la naturaleza jurídica aplicable a los animales. Encontramos entonces el Libro I dedicado a las personas y el Libro II dedicado a los bienes o a las cosas. En dicho libro se encuentran las cosas corporales e incorporales; dentro de las corporales están los muebles y una subespecie de estos son los bienes semovientes, bienes que se pueden mover o transportar

---

33 En este contexto, los ejemplos más representativos de animales de compañía son los perros y los gatos, como especies domesticadas que tradicionalmente han desempeñado funciones de compañía y protección. No obstante, no resulta posible afirmar de manera absoluta que una especie determinada deba calificarse necesariamente como animal de compañía, pues dicha consideración depende del contexto social y cultural. De este modo, mientras en países occidentales los perros son reconocidos como animales de compañía, en China pueden ser criados y comercializados para consumo. De igual forma, una vaca, usualmente catalogada como animal de producción, puede ser asumida como animal de compañía por quienes la poseen y no la conciben como un bien de explotación económica. (Condoy, 2023)

por sí mismos, es decir, animales que forman parte del patrimonio de las personas.[34]

Si se tiene en cuenta que el Libro II regula el dominio, la posesión, el uso y el goce, se advierte que la incorporación de los animales en el Código Civil responde a una finalidad determinada: permitir el ejercicio de derechos sobre ellos e integrarlos al ámbito del tráfico jurídico y de las relaciones comerciales entre particulares. No obstante, dado que el Código Civil fue expedido hace cerca de ciento cuarenta años, y así como han evolucionado múltiples relaciones jurídicas —entre ellas las relativas al matrimonio, la filiación, las facultades de la mujer y la igualdad en el núcleo familiar a partir de la Constitución de 1991—, también ha experimentado transformaciones el régimen jurídico aplicable a los animales (Corte Constitucional, 2025).

Teniendo en cuenta lo anterior, es viable que el régimen jurídico de mascotas se transforme no sólo en cuanto a las garantías y protección legal como constitucional que se les

---

[34] Al respecto, el artículo 655 del código civil establece que se consideran bienes muebles aquellos que pueden trasladarse de un lugar a otro, ya sea porque se desplazan por sí mismos, como ocurre con los animales —denominados por ello semovientes—, o porque su movimiento depende de una fuerza externa, como sucede con los objetos inanimados. (Ley 84 de 1873, art 655, *Col*)

debe otorgar.[35] Sino también en cuanto a la responsabilidad derivada de su cuidado y tenencia. En este punto debemos detenernos, pues en la actualidad existen dos regímenes aplicables a animales de compañía: el régimen que podemos denominar "común" y el régimen aplicable a los denominados perros de manejo especial,[36] anteriormente denominados animales fieros.[37]

Dicha distinción tiene como sustento que determinadas razas de caninos, debido a características como la fuerza de su mordida, antecedentes previos o el instinto propio de la raza, generan un riesgo y son más peligrosos para los humanos.[38] A

---

[35] Dentro de las conquistas en este aspecto encontramos la Ley 1774 de 2016 que les otorga la calidad de seres sintientes en su artículo 2 modificando el código civil, la Ley Angel que endurece considerablemente las penas por maltrato animal y la Ley Kiara que regula la prestación de servicios para el cuidado de mascotas. (Ley 1774 de 2016; Ley 2455 de 2025; Ley 2480 de 2025)

[36] El artículo 7 de la Ley 2054 de 2020 dispone la sustitución, en toda la legislación y normatividad nacional, de las expresiones "perro potencialmente peligroso" o "raza(s) potencialmente peligrosas" por las denominaciones "perro de manejo especial" o "razas de manejo especial". (Ley 2054 de 2020, artículo 7, Col)

[37] El animal fiero, entendido como aquel cuya peligrosidad constituye una característica permanente, se conceptualiza como el que, por sus propios instintos, representa un peligro para el ser humano. (CC, Sentencia C-111 de 2018, Col)

[38] Se consideran dentro de esta categoría los caninos que hayan protagonizado episodios de agresión contra personas o que hayan causado la muerte a otros perros; aquellos que hayan sido entrenados para ataque y defensa; y los que pertenezcan, así como sus cruces o

pesar de ello, se realizará una crítica en doble sentido, en primer lugar, frente a la distinción del régimen de responsabilidad y, realizada la crítica, frente a las pólizas actuales del mercado. El régimen aplicable a la responsabilidad por el hecho de animales lo encontramos en los artículos 2353 y 2354 del Código Civil. En dichas disposiciones se evidencian regímenes distintos de responsabilidad, como se había mencionado anteriormente.

El artículo 2353[39] regula el denominado "daño causado por animal doméstico" el cual, prevé un régimen de responsabilidad subjetivo, en el que el se mantienen los elementos de responsabilidad que deben ser demostrados por el demandante. Es decir, se debe probar el daño, la culpa y el nexo causal para que la responsabilidad recaiga sobre el dueño del animal, pudiendo este exonerarse alegando falta de culpa.

---

híbridos, a las razas American Staffordshire Terrier, Bullmastiff, Dóberman, Dogo Argentino, Dogo de Burdeos, Fila Brasileiro, Mastín Napolitano, Bull Terrier, Pit Bull Terrier, American Pit Bull Terrier, Presa Canario, Rottweiler, Staffordshire Terrier y Tosa Japonés, además de las nuevas razas o mezclas que determine el Gobierno nacional. (Ley 1801 de 2016, artículo 126, *Col*)

[39] El artículo 2353 dispone que el propietario de un animal responde por los perjuicios que este cause, incluso cuando se haya escapado o extraviado, salvo que la fuga, pérdida o el daño no sean atribuibles a culpa suya ni de la persona encargada de su custodia o cuidado. (Ley 84 de 1873, art 2353, *Col*)

En cuanto al artículo 2354,[40] este se denomina "daño causado por animal fiero", régimen aplicable a los perros de manejo especial. Dicho artículo plantea un régimen objetivo para los daños ocasionados por estos animales, prácticamente idéntico al régimen aplicable a actividades peligrosas. Estos regímenes se caracterizan por la desaparición de relevancia del elemento culpa de la responsabilidad; la indemnización se causa por la producción del daño independientemente de la demostración de la culpa, pues esta se presume.[41]

Con el fin de generar una mayor comprensión de este régimen, se trae a colación la sentencia C-111 de 2018. En la mencionada providencia se discutía la constitucionalidad de la expresión "y si alegare que no le fue posible evitar el daño, no será oído", contenida en el artículo 2354, pues se argumentó

---

[40] El artículo 2354 dispone que el perjuicio ocasionado por un animal fiero, respecto del cual no se derive utilidad para la vigilancia o servicio de un predio, será, en todo caso, atribuible a quien lo tenga bajo su custodia; y si este alegare que no le fue posible impedir el daño, dicha justificación no será atendida. (Ley 84 de 1873, art 2354, *Col*)

[41] La jurisprudencia y la doctrina han debatido de manera amplia la naturaleza del régimen de responsabilidad derivado del artículo 2354 del Código Civil. Para algunos, la norma establece una presunción de culpa de carácter irrebatible, mientras que para otros configura un régimen objetivo que prescinde del elemento subjetivo y se fundamenta en la teoría del riesgo creado. En cualquier caso, bajo cualquiera de estas interpretaciones, la inexistencia de culpa en la producción del daño no constituye fundamento suficiente para exonerarse de responsabilidad. (CC, Sentencia C-111 de 2018, Col)

que dicha expresión era contraria al derecho de defensa reconocido constitucionalmente. De dicha sentencia se desprenden tres premisas que nos permiten lograr una comprensión más profunda de este régimen.

En primer lugar, el legislador, con fundamento en la cláusula general de competencia, cuenta con un amplio margen de configuración normativa para regular los supuestos de responsabilidad civil y las distintas modalidades de sus elementos estructurales. Desde la perspectiva constitucional, no existe un régimen único en esta materia, pues se admiten diversas alternativas regulatorias que pueden estructurarse considerando, entre otros aspectos, (i) la presencia o ausencia de riesgos especiales, (ii) la naturaleza de los sujetos que participan en el tráfico jurídico, (iii) la mayor o menor entidad de los costos que se busquen evitar y (iv) los incentivos que se pretendan generar.

En segundo lugar, la limitación al derecho de defensa— al impedir que el tenedor del animal pueda alegar eficazmente la diligencia empleada o la ausencia de culpa— tiene como finalidad prevenir la creación de riesgos extraordinarios que puedan comprometer los derechos a la vida y a la integridad personal consagrados en los artículos 11, 12 y 95 de la Constitución; desincentivar la tenencia de animales que no reporten utilidad o provecho, en desarrollo de la función social de la propiedad prevista en el artículo 58; y promover la protección de la fauna silvestre mediante incentivos orientados al cumplimiento de las normas ambientales, conforme a lo dispuesto en el artículo 79.

Por último, la jurisprudencia de la Corte Suprema de Justicia, junto con la posición mayoritaria de la doctrina, ha sostenido que el artículo 2354 del Código Civil no excluye la posibilidad de alegar válidamente la inexistencia del nexo causal. En esa línea, dicho tribunal, mediante sentencia del 6 de abril de 1989, precisó que la prohibición de atender la alegación del tenedor sobre la inevitabilidad del daño se limita a la culpa que se configura de manera automática y, por tanto, al demandado le es permitido invocar la inexistencia del daño o la presencia de una causa extraña. Esta interpretación resulta acorde con la Constitución, en la medida en que la imposición del deber de reparar exige, como regla general, comprobar que el daño es consecuencia de un comportamiento que se encuentra dentro del ámbito de control o acción de quien es llamado a responder.

Teniendo en cuenta lo anterior, podemos decir que se trata de un régimen especial, adoptado por el legislador en concordancia con su libertad de configuración normativa, que, además, está respaldado por normas y principios constitucionales y en el que solo se puede liberar de responsabilidad rompiendo el nexo causal mediante la causa extraña.

2.1.1. Falta de justificación actual de la diferenciación de regímenes

Con la revisión de los regímenes de responsabilidad, pasaremos a desarrollar por qué la actual diferenciación de regímenes entre aquel aplicable a animales domésticos "comunes" y el aplicable a razas de manejo especial es un planteamiento injustificado.

El proceso de urbanización en Colombia se ha intensificado de forma notable en los últimos años, lo cual se evidencia en el significativo aumento de la densidad poblacional y en el desplazamiento del sector rural hacia las ciudades, donde actualmente reside cerca del 70% de la población, frente al 58% registrado quince años atrás. Este fenómeno ha estado acompañado por un incremento en la adquisición y tenencia de mascotas, que hoy integran el núcleo familiar y el entorno social. (Acero-Plazas et al., 2014)

Un estudio reciente de Cifras y Conceptos señala que en Colombia la presencia de mascotas en los hogares ha crecido de manera significativa, alcanzando el 57% en 2024 frente al 38% registrado en 2011 (Arandia, 2024). Ello ha traído consigo una mayor incidencia de las mascotas en la vida diaria de las personas, pero además también un incremento notable de accidentes y conflictos que rodean a estas mascotas.

La tendencia antes mencionada se observó en países desarrollados con anterioridad, donde la tenencia de animales se convirtió en foco de conflictos atendiendo a dos factores: accidentes y la falta de tenencia responsable, factores que, a pesar de que se pueden relacionar, también llevan consigo una carga independiente.[42] En cuanto a la presencia de un mayor número de accidentes, nos centraremos específicamente en las mordeduras de animales domésticos a las personas. La lógica detrás de esto es simple: convivencia cotidiana más frecuente con mascotas, mayor probabilidad de ser mordido por alguna de ellas. En un artículo publicado por la Organización Mundial de la Salud (2024) se estudia precisamente la incidencia de mordeduras y picaduras de animales, en la que se encuentran datos ciertamente preocupantes acerca de las mordidas de perros y gatos.

Al estudiar las cifras, se halló que no se dispone de una estimación precisa sobre la incidencia global de las mordeduras

[42] La expresión "tenencia responsable de mascotas" alude a la reducción de los riesgos sanitarios y de las enfermedades transmisibles compartidas entre humanos y animales, mediante la implementación de cuidados veterinarios, el cumplimiento de deberes por parte del propietario y el fortalecimiento de los beneficios derivados de la convivencia con el animal. Este concepto implica garantizar una alimentación adecuada, cumplir con los esquemas de vacunación y desparasitación conforme a planes de manejo, disponer de tiempo para los paseos, así como asegurar su higiene diaria y actividades de recreación. (Acero-Plazas et al., 2014)

de perro;[43] sin embargo, diversos estudios señalan que cada año generan decenas de millones de lesiones traumáticas.[44] En los Estados Unidos de América, por ejemplo, se reporta que aproximadamente 4,5 millones de personas resultan afectadas anualmente por este tipo de eventos. En cuanto a los países de ingresos bajos y medianos, la información disponible es más dispersa, aunque algunas investigaciones indican que los perros son responsables de entre el 76 % y el 94 % de las mordeduras ocasionadas por animales.

En cuanto a los gatos, son responsables de entre el 2 % y el 50 % de las mordeduras de animales a nivel mundial, constituyéndose en el segundo tipo más frecuente después de las ocasionadas por perros. En Italia, por ejemplo, se registran

43 En Bogotá, para el año 2016, se reportaron 13 824 casos de mordeduras. Los menores entre 5 y 11 años constituyen el grupo más afectado por agresiones caninas en la ciudad, con 3 493 casos registrados en los diez meses analizados, de acuerdo con un estudio de la Defensoría del Pueblo. El informe también indica que, en promedio, se presentan dos ataques a personas por hora ocasionados por caninos. (Defensoría del Pueblo, 2016)

44 Aunque las mordeduras caninas han existido desde que el ser humano interactúa con el perro, en la actualidad —y a raíz de diversos hechos recientes con desenlaces fatales— se han convertido en un asunto de especial relevancia que exige un análisis riguroso, orientado a determinar con precisión su incidencia en la población, identificar los factores de riesgo involucrados y establecer las medidas previas indispensables para desarrollar una verdadera estrategia de prevención que permita reducir este tipo de eventos. (Palacio et al, 2005)

18 casos por cada 100.000 habitantes, mientras que en los Estados Unidos aproximadamente 66.000 personas acuden anualmente a los servicios de urgencias por este motivo.

Las altas cifras son ciertamente preocupantes, pero no solo por el daño físico ocasionado por la mordida, pues la relevancia de la mordedura no se circunscribe únicamente al daño de los tejidos en el lugar donde ocurre, sino también a la posibilidad de que se introduzcan microorganismos provenientes de la cavidad oral del animal, capaces de desencadenar infecciones en la persona afectada. El riesgo infeccioso puede incrementarse por diversos factores, como la naturaleza de la herida, la especie agresora y las condiciones particulares del paciente. (Pardal-Pelaez & Sarmiento-García, 2021)

La situación reviste tal gravedad que, conforme a estudios de la Organización Mundial de Sanidad Animal y la Organización de las Naciones Unidas para la Agricultura y la Alimentación, se estima que al menos el 60 % de los patógenos que afectan a los seres humanos y el 75% de las enfermedades emergentes corresponden a zoonosis,[45] es decir, se transmiten o circulan entre personas y animales (Steinfeld et al., 2009, como se citó en Acero-Plazas et al., 2014).

---

[45] En términos concretos, ello alude a las enfermedades que los animales pueden transmitir a los seres humanos. (Acero-Plazas et al., 2014)

En las mordeduras de perro es común la presencia de bacterias aeróbicas como Pasteurella, Staphylococcus y Streptococcus, siendo Pasteurella canis el microorganismo aislado con mayor frecuencia; igualmente, suelen identificarse bacterias anaeróbicas, especialmente del género Bacteroides. Además, las personas inmunodeprimidas —en particular aquellas con asplenia— presentan un mayor riesgo de desarrollar infecciones graves por Capnocytophaga canimorsus, bacteria gramnegativa que forma parte habitual de la flora oral canina y que puede ocasionar complicaciones sistémicas en individuos vulnerables (Maniscalco et al, 2025).

En cuanto a los gatos, estas lesiones suelen ser vehículo de transmisión de rabia y de otras infecciones bacterianas, entre ellas las ocasionadas por Bartonella, Brucella, Leptospira y Campylobacter. De igual manera, se ha establecido que la mordedura de gato implica un riesgo de infección que duplica el asociado a la mordedura de perro (Organización Mundial de la Salud, 2024).

Las anteriores cifras y datos dan cuenta de que, cuando se produce una mordedura, lo único preocupante no es la lesión en sí; la zoonosis es igual o más preocupante en algunos casos, lo que responde a un problema de salud pública. De esto se desencadena la necesidad de que los propietarios de las mascotas ejerzan una tenencia responsable de estas, velando no solo por el bienestar del animal, sino por el bienestar de la sociedad ante las eventualidades que puedan surgir.

A partir de este planteamiento, quienes deciden convivir con perros y gatos asumen un deber ético orientado a promover y mantener prácticas de prevención y promoción en materia de salud, bienestar animal y protección del entorno. Aunque dicho compromiso podría considerarse elemental si se limita a la adecuada alimentación y manejo, como reglas básicas de convivencia social, ello resulta insuficiente. Se impone, además, una responsabilidad de carácter casi jurídico encaminada a asegurar el cuidado y resguardo de los animales, su sostenimiento, el control reproductivo y la prevención y manejo de enfermedades relevantes para la salud pública, lo que exige la consolidación de una nueva cultura en la materia (Vieira et al., 2009, como se citó en Acero-Plazas et al., 2014).

Se debe entonces concientizar a los propietarios de la responsabilidad real de tener una mascota,[46] pues se ha demostrado que, dadas determinadas circunstancias como la vulnerabilidad de una persona, sumado a descuidos en cuanto a controles veterinarios y de higiene, una mordida, sin importar la raza, puede resultar mortal. La tenencia responsable, siendo

---

[46] En lo que respecta a los perros y gatos, en su condición de animales domésticos que conviven con el ser humano como mascotas, es preciso considerar el vínculo que se establece con ellos, pues dicha relación no solo genera lazos afectivos, sino que también origina un deber de responsabilidad. (Acero-Plazas et al., 2014)

el eje central de la prevención, debe abarcar tanto aspectos de cuidado como la alimentación y el cuidado en salud, como el dedicar tiempo a un entrenamiento adecuado de la mascota, lo que reduce el riesgo de ataques hacia las personas y otros animales.

Por lo anterior, el ampliar el régimen de responsabilidad objetiva a los animales domésticos en general respondería a dos factores esenciales a tener en cuenta: i). La mordedura de animales resulta preocupante y puede ser un problema de salud pública y ii). incentiva la tenencia responsable de animales domésticos, cumpliendo con los mismos fines constitucionales que sirven de sustento para avalar el régimen en perros de manejo especial.

Si bien la propuesta es ampliar el régimen, no se debe desconocer que, con las razas consideradas de manejo especial -por sus características físicas-, es necesario adoptar una mayor precaución, para lo cual se deben tomar medidas administrativas y normativas adecuadas. La ley 1801 de 2016 en su título "de la relación con los animales" específicamente en sus capítulos III y IV, prescribe una serie de conductas que deben seguir los dueños de estos animales, como lo son el uso de implementos de seguridad o el registro en las alcaldías locales, dichas conductas deben ser exigidas por las autoridades y sancionar efectivamente su incumplimiento.[47]

En cuanto al seguro obligatorio de responsabilidad, desde ya se adelanta que la propuesta será, por las razones anteriormente expuestas, que dicho seguro se amplíe y no solo se limite a perros de manejo especial, con lo que se lograría la colaboración del sector asegurador en la tenencia responsable y prevención de accidentes.

La propuesta responde, además, a los bajos valores en las coberturas de responsabilidad que se evidencian en el mercado colombiano, con seguros que ofrecen coberturas de hasta 10 SMLMV, suma extremadamente baja ocasionada por la falta de estándares para la implementación del mismo. Adicionalmente, se evidencian seguros que excluyen la reparación de daños extrapatrimoniales, evitando una reparación integral de las víctimas que sufran daños. Sin embargo, de quererse implementar el seguro obligatorio, se debe tener en cuenta que dicho seguro ha carecido

---

[47] La mencionada ley instaura tanto obligaciones como limitaciones para los propietarios de perros de manejo especial, dentro de las que se encuentra: Llevar bozal y traílla en establecimientos públicos, registrar los animales en los censos de las alcaldías locales, adquirir póliza de responsabilidad civil extracontractual, condiciones especiales para los albergues en los que se encuentren ejemplares y la prohibición de importación y crianza. (Ley 1801 de 2016, arts 127, 128, 130, 132 y 134, Col)

completamente de eficacia, con limitaciones prácticas evidentes que se tratarán en el siguiente apartado.

2.1.2. Falta de eficacia actual del seguro en materia de responsabilidad

Como se mencionó anteriormente, de quererse ampliar el seguro de responsabilidad a la tenencia de mascotas en general, se deberán tener en cuenta las deficiencias prácticas que se han presentado actualmente en su implementación. El seguro obligatorio para perros de manejo especial se hizo exigible, como se explicó con anterioridad, con la expedición de la Ley 746 de 2002, bajo la cual se debía contar con póliza de responsabilidad civil extracontractual para proceder al registro de los ejemplares.[48]

A pesar de ello, la norma no cuenta con sanciones específicas por no adquirir la póliza o no registrar los animales, pues la única sanción era que el propietario debía asumir por su cuenta los daños que ocasiona el animal.[49] Dicha disposición,

[48] El artículo 108-I dispone que, para efectuar el registro del animal, el propietario debe presentar una póliza de responsabilidad civil extracontractual por él suscrita, destinada a amparar la indemnización de los perjuicios patrimoniales que el ejemplar pueda causar a personas, bienes o a otros animales; así como el respectivo carné de vacunación y un certificado sanitario vigente expedido por la Secretaría de Salud del municipio. (Ley 746 de 2002, artículo 108-I, Col)

[49] El párrafo segundo del artículo 108-I establece que el propietario que no contrate la póliza de responsabilidad civil extracontractual

en general, no tuvo aplicación en el territorio nacional, pues al ser las alcaldías municipales las encargadas de realizar el censo individualmente y ante la falta de una autoridad central que vigile su cumplimiento, gran mayoría de los caninos de manejo especial no cuentan con esta póliza exigida por la normatividad.

La falta de adquisición de la póliza y registro de los ejemplares dio lugar a que estas disposiciones se volvieran a incluir en la Ley 1801 de 2016, con prácticamente iguales condiciones. Como novedad, se tiene que se incluyó una multa tipo 4 para aquellos propietarios que no adquieran la póliza de responsabilidad civil extracontractual, como sanción al omitir la norma.[50] El cumplimiento de esta obligación estuvo delimitado, durante un tiempo, a la expedición de reglamento para las pólizas por parte del gobierno nacional, por lo que fue emitido el Decreto 380 de 2022.

---

deberá asumir íntegramente los gastos necesarios para indemnizar a la(s) persona(s) afectada(s) por los daños causados por el ejemplar, sin perjuicio de las sanciones legales correspondientes. (Ley 746 de 2002, artículo 108-I, Col)

50 El artículo 134 de esta norma señala los comportamientos relacionados con la tenencia de caninos potencialmente peligrosos que afectan la seguridad de las personas y la convivencia, dentro de los cuales se incluye no contar con una póliza de responsabilidad civil extracontractual por la propiedad o tenencia de estos ejemplares, una vez el Gobierno nacional haya expedido la reglamentación correspondiente. (Ley 1801 de 2016, art 134, Col)

Este Decreto reguló las pólizas de responsabilidad extracontractual de la siguiente manera: se deben amparar perjuicios patrimoniales y extrapatrimoniales; el monto mínimo asegurado será de 50 SMLMV; la póliza debe mantenerse vigente durante la vida del ejemplar; se debe implantar un microchip de reconocimiento que permita la trazabilidad en trámites e identificación del animal; y se debe realizar un reporte al Registro Único de Seguros (RUS) con el fin de establecer el número de pólizas vigentes.

Con la expedición del decreto se creería superado el vacío regulatorio en torno a las pólizas y se esperaba la vigilancia de la Policía Nacional en el cumplimiento de la normativa, con represalias más fuertes y estándares completamente claros para su adquisición. Sin embargo, llama la atención la escasa información que encontramos acerca de este seguro en las diversas páginas web de aseguradoras, sin hallar una oferta al respecto, incluso en algunas que excluyen expresamente que se puedan contratar pólizas cuando el canino es de manejo especial.

Debido a lo anterior, se decidió realizar derecho de petición a FASECOLDA, gremio de las compañías de seguros, reaseguro y capitalización, y que además tiene el control del RUS, teniendo acceso a la cantidad de seguros expedidos, por lo que se procedió a realizar la consulta acerca de estas pólizas.

Como respuesta al derecho de petición se argumentó lo siguiente:

"El sector asegurador ha adelantado esfuerzos técnicos y actuariales sostenidos para estructurar e implementar un seguro que cubra la responsabilidad civil derivada de la tenencia de caninos de manejo especial, en cumplimiento de las obligaciones legales vigentes. Sin embargo, pese a esta disposición del mercado, en la práctica se han identificado barreras estructurales relevantes que han impedido su efectiva comercialización por parte de las compañías de seguros." (Fasecolda, 2026)

Dentro de las dificultades mencionadas se encuentran: (i) la inexistencia de un registro nacional de caninos de manejo especial, lo que no permite un análisis del mercado; (ii) la amplitud del término canino de manejo especial, pues no solo comprende determinadas razas, sino también perros con antecedentes o entrenamiento para la defensa, lo que, en ausencia del registro, también imposibilita la consulta de antecedentes; (iii) imposibilidad material de cumplir con las disposiciones de microchip según el gremio veterinario. Por los anteriores motivos, la petición realizada concluye de la siguiente manera:

"Dadas las circunstancias señaladas, las pólizas contempladas en el Decreto 380 de 2022 no están siendo comercializadas, toda vez que no se cuenta con los elementos que permitan analizar el riesgo y tomar decisiones de asegurabilidad por parte de las aseguradoras. (...) Por lo anterior, el Ministerio de Defensa y la Policía Nacional emitieron en conjunto, el 29 de septiembre de 2022, una instrucción a todas las regiones metropolitanas y a los departamentos de policía, de no realizar órdenes de comparendo y/o medidas correctivas, hasta que las alcaldías distritales o municipales den cumplimiento con lo reglado en el Decreto 380 de 2022."

Lo anterior da cuenta de la falta de eficacia real de todas las disposiciones expedidas en la materia, pues la desorganización del Estado en la reglamentación, sumada a la ausencia de un órgano central que se encargue de verificar y vigilar el cumplimiento, ha terminado por volver completamente inaplicable lo dispuesto en la norma.

Además, se observa la ausencia o falta del estudio técnico acerca de los microchips, pues, según lo menciona fasecolda, "los parámetros técnicos previstos en la norma no se ajustan a la realidad de los dispositivos existentes, generando dificultades insalvables tanto para los tenedores de caninos como para los profesionales veterinarios y, en última instancia, para las aseguradoras que requieren mecanismos de identificación funcionales y verificables."

La ineficacia de este seguro[51] se acompaña de los problemas de los seguros que se comercializan actualmente, en lo que respecta a la falta de regulación, las bajas cuantías indemnizables, el hecho de asumir solo daños patrimoniales e ignorar los extrapatrimoniales, y la existencia de exclusiones respecto al contagio de enfermedades provenientes de zoonosis, incluso en la reparación a terceros que resulten contagiados. Lo anterior hace que solo se pueda llegar a una única conclusión: la falta de suficiencia del mercado asegurador para cubrir la responsabilidad civil derivada de los animales domésticos.

2.2. Responsabilidad por animales en condición de calle

---

[51] En consecuencia, las aseguradoras en Colombia no cubren de manera integral los efectos derivados de la responsabilidad civil extracontractual, en la medida en que, por lo general, perjuicios como el daño moral y el daño a la vida de relación o fisiológico no se encuentran amparados conforme a lo dispuesto en el artículo 1055 del Código de Comercio. Esta limitación impide que la víctima obtenga una reparación plena a través del seguro, obligándola a acudir a otras instancias para reclamar la indemnización de los perjuicios extrapatrimoniales. De este modo, se desdibuja el propósito esencial del contrato de seguro, consistente en salvaguardar el patrimonio del asegurado y garantizar la compensación de los daños ocasionados al tercero. (Henao, 1998).

En la Conferencia de Estocolmo de 1972[52] fue la primera vez que los Estados se pronunciaron de manera conjunta sobre la protección del medio ambiente. En dicho escenario se consagraron 26 principios, dentro de los cuales se reconoció el medio ambiente como un derecho humano fundamental, junto con los principios de precaución,[53] razonabilidad y desarrollo sostenible.

Tomando como referente esta conferencia, el Estado colombiano promulgó la Ley 23 de 1973, mediante la cual se otorgaron facultades extraordinarias al presidente de la

---

[52] La Conferencia de las Naciones Unidas sobre el Medio Humano, conocida como Conferencia de Estocolmo, y realizada en 1972 en Estocolmo (Suecia), constituyó el primer encuentro global dedicado exclusivamente a la problemática ambiental. Por ello, es considerada un hito político internacional que impulsó de manera decisiva el desarrollo de políticas de gestión ambiental y orientó la atención de los Estados hacia los asuntos ecológicos. Esta nueva perspectiva dio lugar a propuestas que exigieron el compromiso estatal y promovieron la cooperación internacional en materia ambiental, lo que posteriormente se tradujo en la incorporación de un nuevo marco normativo en los ordenamientos jurídicos internos, consolidando así el surgimiento del Derecho Ambiental. (Calmon de passos, 2009).

[53] La Declaración de Estocolmo sobre el Medio Humano señala, en el tercer punto de su Proclama, que el ser humano posee la capacidad de transformar su entorno; no obstante, advierte que dicha facultad debe ejercerse con prudencia y criterio, pues, si se emplea de manera equivocada o irresponsable, puede generar consecuencias incalculables tanto para la humanidad como para el ambiente que la rodea. (Clément, 2007)

República para expedir el Código Nacional de Recursos Naturales y de Protección al Medio Ambiente, lo que dio lugar a la expedición del Decreto 2811 de 1974. Con la entrada en vigor de estas disposiciones, se estableció que el medio ambiente constituye un patrimonio colectivo; en consecuencia, su preservación y mejora son actividades de utilidad pública que comprometen tanto al Estado como a los particulares (Ley 23 de 1973, art. 2).

Posteriormente, la Constitución Política de 1991 —denominada por la doctrina como la "Constitución ecológica"[54] — incorporó el derecho a un ambiente sano como uno de sus pilares fundamentales y consagró, como deber del Estado y de las personas, la protección de las riquezas culturales y naturales de la Nación (Constitución Política, 1991, art. 8, Col.).

---

[54] El constituyente colombiano de 1991, con una perspectiva adelantada a su tiempo, incorporó en la Constitución más de treinta disposiciones orientadas a establecer principios, valores, derechos y deberes vinculados con la protección del ambiente, razón por la cual se le ha denominado "Constitución Ecológica". Esta visión integral de la relación entre sociedad y naturaleza, incorporada al orden constitucional hace más de tres décadas, dio lugar al reconocimiento de derechos como el ambiente sano y a la configuración de correlativos deberes estatales y ciudadanos. De ella se desprenden tres enfoques complementarios sobre la cuestión ambiental: i) uno ético, basado en un principio biocéntrico; ii) uno económico, guiado por el desarrollo sostenible; y iii) uno jurídico, concebido como respuesta frente a las amenazas derivadas de la crisis ambiental y del uso intensivo y agotamiento de los recursos naturales (Corte Constitucional, 2011, *Col*).

Asimismo, dispuso que corresponde al Estado salvaguardar la diversidad e integridad del ambiente, conservar las áreas de especial importancia ecológica y promover la educación para el logro de estos fines (art. 79).

Igualmente, el Estado debe planificar el manejo y aprovechamiento de los recursos naturales para garantizar su desarrollo sostenible, conservación y recuperación, además de prevenir y controlar los factores de deterioro ambiental (art. 80). De igual forma, se impone a todas las personas el deber de proteger los recursos culturales y naturales del país y velar por la conservación de un ambiente sano (art. 95). Con base en lo anterior, resulta fundamental reconocer que los animales[55] forman parte del ámbito de protección de la naturaleza y del medio ambiente. En consecuencia, no pueden ser entendidos exclusivamente desde una perspectiva utilitarista; por el contrario, deben reconocerse como seres vivos que intervienen activamente en los procesos de equilibrio, desarrollo y preservación del entorno (Corte Constitucional, 2011, Col.).

---

[55] Las problemáticas vinculadas a la protección animal requieren análisis y ponderaciones rigurosas que consideren tanto los principios de bienestar y protección de los animales como la multiplicidad de intereses y relaciones que se configuran entre estos, los seres humanos y el entorno. Si bien este mandato no se erige como un derecho fundamental autónomo, sí constituye un principio constitucional de particular importancia, cuya inobservancia puede acarrear consecuencias graves e incluso irreversibles para seres sintientes que merecen una protección especial (Corte Constitucional, 2024, *Col*).

En relación con la problemática específica de los animales de compañía, Rojas (2012) estima que en Bogotá la población canina asciende a 775.000 perros, de los cuales, aproximadamente 90.000 carecen de un propietario responsable, lo que se traduce en un número significativo de animales en condición de calle (Acero-Plazas et al., 2014).

De igual manera, el Instituto Distrital de Protección y Bienestar Animal (2022) señala que, en Colombia, la situación de los perros en condición de calle constituye una preocupación constante para organizaciones defensoras de animales, autoridades públicas y la sociedad en general. Se calcula que cerca de dos millones de perros se encuentran en esta situación. En Bogotá D. C., la estimación fue de 66.467 perros, con una densidad poblacional de 165 perros por km^2 y una relación humano–perro de 117:1. Estos animales enfrentan múltiples riesgos, entre ellos desnutrición, enfermedades infecciosas como la rabia, el moquillo y el parvovirus, así como atropellamientos y diversas formas de maltrato.

Durante el año 2017 se reportaron 129.689 casos de agresiones o contactos con animales potencialmente transmisores de rabia. Al comparar estas cifras con las de años anteriores, se evidenció un incremento en el número de casos notificados por semana epidemiológica; en consecuencia, se concluyó que en 2017 se presentó un aumento del 10,6% en relación con el año 2016 (Ministerio de Salud, 2017).

Las alteraciones conductuales o los episodios de agresión de perros hacia personas pueden originarse en múltiples factores, entre ellos la predisposición genética, el tipo de adiestramiento recibido y el proceso de socialización. Asimismo, influyen antecedentes como experiencias previas de mordedura, situaciones de miedo o dolor, enfermedades y contextos de maltrato o negligencia (Blackwell, Bradshaw & Casey, 2013).

2.2.1. Régimen de responsabilidad aplicable

Si bien es cierto que el artículo 90 de la Constitución Política de Colombia establece que el Estado será responsable patrimonialmente por los daños antijurídicos[56] que le sean imputables y que se originen en la acción u omisión de las autoridades públicas, también lo es que el artículo 2° constitucional dispone que las autoridades están instituidas para proteger la vida, la honra, los bienes, las creencias, los derechos y las libertades de los ciudadanos. En ese sentido, la Ley 2054 de 2020 establece obligaciones específicas en relación

---

[56] En 2014, el Consejo de Estado incorporó una nueva tipología de perjuicio: el daño a bienes o derechos constitucional y convencionalmente protegidos, que se añadió a las categorías tradicionales de daño emergente, lucro cesante, daño moral, pérdida de oportunidad y daño a la salud. No obstante, al considerar de manera conjunta estas modalidades, surge un interrogante fundamental acerca del objeto mismo de la tutela resarcitoria en el ámbito de la responsabilidad extracontractual: ¿qué es, en definitiva, lo que se pretende reparar? (Morillo, 2022).

con los animales en condición de calle; en particular, dispone que todos los distritos y municipios deberán habilitar un espacio adecuado y seguro, como centros de bienestar animal, albergues municipales para fauna, hogares de paso públicos u otras instalaciones similares, destinados a la recepción de animales callejeros (Ley 2054 de 2020, Art. 2).

Asimismo, la ley contempla un término de treinta (30) días, dentro del cual el animal podrá ser reclamado por su propietario. Vencido dicho plazo sin que ello ocurra, la autoridad competente lo declarará en situación de abandono y procederá a gestionar su adopción o, en última instancia, a entregarlo a cualquier título. De esta manera, resulta claro que la obligación constitucional y legal de control, cuidado y vigilancia de los animales en condición de calle recae en el Estado, particularmente en los municipios y distritos, en el marco de sus competencias.

La responsabilidad patrimonial del Estado colombiano[57] frente a los daños antijurídicos que le sean

[57] Desde el año 2000, el Consejo de Estado ha venido replanteando la concepción de la responsabilidad estatal, tomando como eje central el artículo 90 de la Constitución. Este proceso ha implicado la delimitación de cuestiones fundamentales, tales como el contenido de la cláusula general de responsabilidad, el alcance del daño antijurídico y la forma en que opera su imputación al Estado. De igual manera, se ha precisado la naturaleza del régimen allí consagrado. En la actualidad, la responsabilidad extracontractual del Estado se estructura principalmente sobre la base del artículo 90

atribuibles, ya sea por acción u omisión de las entidades públicas, tiene fundamento constitucional. Conforme al constituyente de 1991, para que se configure dicha responsabilidad únicamente se requiere: i) la existencia de un daño antijurídico, y ii) que ese daño sea imputable al Estado, de manera directa o indirecta.

A partir de la constitucionalización de esta cláusula general de responsabilidad, la jurisprudencia del Consejo de Estado ha reiterado que cualquier controversia relacionada con la atribución de responsabilidad al Estado debe analizarse e interpretarse a la luz del artículo 90 de la Constitución Política de Colombia, el cual constituye el fundamento normativo del sistema de responsabilidad estatal. Por otra parte, en los casos relacionados con actividades que, por su propia naturaleza, implican un riesgo, se configura un régimen de responsabilidad objetiva. En estos eventos, el factor de imputación radica en el riesgo inherente a la actividad desarrollada, y no en la necesidad de acreditar elementos subjetivos como la culpa, los cuales carecen de relevancia en este tipo de supuestos (Tamayo, 2011).

---

constitucional, sin desconocer los desarrollos jurisprudenciales y doctrinales previos a la entrada en vigencia de la Constitución Política de 1991. En este contexto, subsisten regímenes como el de responsabilidad objetiva, que continúa fundamentándose en criterios de imputación tales como la teoría del riesgo excepcional y el daño especial. (Armenta, 2008)

De tal manera, dentro de los diferentes títulos de imputación atribuibles al Estado, cuando un animal en condición de calle cause un daño a un tercero, al encontrarnos dentro de una obligación del Estado que no recae en una actividad peligrosa, la responsabilidad estatal debe estructurarse bajo un régimen subjetivo[58] por falla del servicio. En tal caso, corresponderá al demandante demostrar el elemento culpa,[59] esto es, la existencia de una conducta omisiva o deficiente por parte del Estado en el cumplimiento de sus deberes.

En palabras del Consejo de Estado (2002), la falla del servicio, o la deficiente prestación del mismo, puede configurarse por retardo, irregularidad, ineficiencia, omisión o ausencia del servicio. La omisión o ausencia del servicio se configura cuando la Administración, estando jurídicamente

---

[58] Desde la perspectiva del régimen de responsabilidad patrimonial extracontractual de carácter subjetivo, corresponde al Estado acreditar que su actuación se ajustó al ordenamiento jurídico y que obró con la debida diligencia y cuidado en la prestación del servicio a su cargo, a fin de configurar una causa que excluya la imputación de responsabilidad patrimonial en su contra. (Consejo de Estado, 2012, *Col*)

[59] La jurisprudencia ha desarrollado una serie de criterios orientados a delimitar la culpa o falta personal. La concepción clásica fue formulada por Laferrière a finales del siglo XIX, quien sostuvo que existe falta o culpa del servicio cuando el acto que causa el daño es impersonal y pone de manifiesto a un administrador susceptible de error en el ejercicio de sus funciones. Por el contrario, hay falta o culpa personal cuando el acto evidencia al individuo con sus debilidades, pasiones o imprudencias. (Ardila y Aponte, 2015).

obligada a prestarlo, no actúa, no lo suministra y, como consecuencia, deja desprotegida a la ciudadanía.

Así mismo, en materia ambiental el Estado colombiano ostenta la posición de garante, la cual encuentra su fundamento en el deber objetivo de cuidado que la ley —en sentido material— asigna, en supuestos específicos y concretos, a determinadas personas. En virtud de ello, una vez se materializa el daño, dichas personas deben asumir las consecuencias jurídicas derivadas de la conducta, siempre que se acredite, tanto en el plano fáctico como jurídico, el incumplimiento de su deber de diligencia, cuidado y protección. (Consejo de Estado, 2007, *Col*).

De tal manera, los distritos y municipios no han iniciado el cumplimiento de sus obligaciones, al no adelantar la construcción de los respectivos albergues destinados a la atención de estos animales. En consecuencia, en las calles del territorio nacional se encuentran aproximadamente tres millones de animales, los cuales constituyen un riesgo potencial para la ciudadanía, siendo previsibles las agresiones que puedan ocasionar, y también por las múltiples enfermedades que pueden transmitir.

Ejemplo de lo anterior es que, en mayo de 2019, fue noticia nacional el ataque perpetrado por una jauría de perros callejeros contra un menor de nueve años mientras jugaba fútbol en una cancha ubicada en un barrio del noroccidente de

Bogotá. Como consecuencia de las lesiones sufridas, el menor requirió atención en una unidad de cuidados intensivos y fue sometido a múltiples cirugías reconstructivas.

En 2023, en la localidad de Ciudad Bolívar, en Bogotá D.C., un menor de diez años fue atacado por dos perros callejeros, quienes le ocasionaron múltiples heridas en distintas partes del cuerpo, generándole una incapacidad médica de veinte días. Asimismo, en marzo de 2025, un joven de diecinueve años fue atacado por varios perros callejeros en la localidad de Bosa, en Bogotá, sufriendo múltiples lesiones que le ocasionaron graves secuelas físicas, entre ellas la pérdida de sus extremidades superiores.

Es pertinente señalar que los ataques de animales en condición de calle no constituyen un fenómeno aislado; por el contrario, se trata de situaciones recurrentes frente a las cuales la sociedad colombiana no ha evidenciado una respuesta estatal suficiente y oportuna. Según la Defensoría del Pueblo (2016) en los últimos meses se registraron 13.824 casos de mordeduras; en promedio, cada hora se presentan dos ataques a personas causados por caninos.

Por consiguiente, la omisión estatal en el control de la expansión y multiplicación de animales en condición de calle ha ocasionado daños patrimoniales y extrapatrimoniales a la ciudadanía, cuyos integrantes tienen derecho a ser indemnizados por el Estado ante la falta de regulación y control.

2.3. Conflicto entre el contrato de seguro actual y la protección animal

La muerte es una de las experiencias esenciales que el ser humano está llamado a afrontar y comprender. Aunque su aceptación resulte compleja, constituye un hecho inevitable dentro del ciclo natural de la vida. Sin embargo, cuando se pierde a un ser querido, se activa un proceso de duelo en el que emergen múltiples manifestaciones emocionales, tales como la tristeza, la rabia, la angustia, la impotencia, la culpa y el llanto, entre otras (Torres, 2006).

Desde una perspectiva biológica, la muerte en los animales forma parte del ciclo natural de la vida, pues la desaparición de unos permite la supervivencia de otros y contribuye al equilibrio del ecosistema.[60] No obstante, el incremento en la tenencia de mascotas en las grandes ciudades

---

[60] Desde el punto de vista conceptual, el análisis del ecosistema admite múltiples interpretaciones. Como noción filosófica, impulsa la exploración y aplicación del término en investigaciones ambientales vinculadas con la conservación y la gestión del entorno. Entendido como un concepto que designa un objeto físico —en el sentido propuesto por Tansley—, constituye el objeto de numerosos estudios científicos; y, asumido como un paradigma, orienta la organización del conocimiento y el desarrollo de la investigación en el ámbito científico. Dada la amplitud de sus usos, no resulta extraño que este concepto haya sido objeto de interpretaciones erróneas y cuestionamientos por parte de diversos ecólogos. (Rincón, 2011)

—asociado al crecimiento económico y a los vacíos afectivos de la población— ha fortalecido el vínculo entre las personas y sus animales de compañía, hasta el punto de considerarlos integrantes del núcleo familiar, cuya pérdida puede ocasionar un profundo dolor.

En el contexto colombiano, el fallecimiento de un animal de compañía representa un evento de considerable afectación emocional para sus propietarios. En múltiples casos, estos se encuentran con dificultades para acceder a mecanismos adecuados y respetuosos para la disposición final de los restos. Actualmente, la oferta de alternativas es limitada, lo que conduce a que numerosas personas recurran a prácticas no reguladas, como inhumaciones en lugares no autorizados o la eliminación de los restos junto con desechos comunes, circunstancias que pueden derivar en riesgos significativos para la salud pública y el medio ambiente (Ricolfe y González, 2020).

La legislación colombiana, mediante la Ley 1259 de 2008, ha establecido como falta ambiental la disposición incorrecta de cadáveres de animales, sus partes o residuos biológicos junto con los desechos domésticos. Asimismo, la Ley 1801 de 2016 establece como comportamientos contrarios a la limpieza y desinfección la omisión de disponer, en los lugares autorizados, los cuerpos de animales fallecidos.[61]

Aunque la legislación colombiana contempla disposiciones sobre el manejo integral de residuos animales, no existe una regulación clara y suficientemente estricta que garantice su adecuado cumplimiento por parte de los propietarios de mascotas. En este escenario, resulta necesaria la intervención del Estado mediante la creación de normas específicas y el desarrollo de campañas pedagógicas orientadas a concienciar a la sociedad sobre esta problemática.

Esta ausencia de regulación ha sido suplida mediante pólizas de seguro que, en su mayoría, solo en planes VIP cubren la cremación o el entierro de la mascota, previo pago de una prima más elevada. Ahora bien, si la recolección de desechos animales constituye una política pública, ¿por qué no se encuentra al alcance de todos los propietarios de animales?

---

[61] En los países en desarrollo, entre ellos Colombia, los desechos orgánicos ocasionan elevados niveles de contaminación en fuentes hídricas de gran importancia. Esta problemática se acentúa en municipios de menor tamaño, donde las restricciones técnicas y presupuestales dificultan la implementación de soluciones ambientales complejas que resuelvan el problema de manera definitiva. No obstante, la adopción de estrategias preventivas sencillas y de bajo costo —como una gestión adecuada y ambientalmente responsable de los residuos orgánicos— permite enfrentar la situación de forma eficaz, pues demanda pocos recursos y, al mismo tiempo, puede generar valor agregado a partir del aprovechamiento de dichos residuos. (Guerrero y Ramírez, 2004)

¿La ausencia de una regulación integral para la disposición final de restos de animales de compañía vulnera derechos constitucionales y genera una falla estructural en la política pública ambiental y sanitaria?

En tal sentido, las aseguradoras desconocen que la función social del seguro busca garantizar el bienestar de la población, especialmente de aquellos más vulnerables, así como eliminar o disminuir los riesgos mediante el traslado del riesgo del patrimonio del asegurado al del asegurador. Como lo indica Signorino (2024) una vez definido adecuadamente el riesgo y atendidos sus fundamentos técnicos, el seguro se convierte en una herramienta esencial para la producción y distribución de bienes y utilidades. De igual manera, contribuye al mantenimiento del equilibrio social al reducir o neutralizar la incertidumbre frente a posibles contingencias, mediante la promesa de cobertura ante eventuales infortunios.

En consecuencia, esta práctica resulta discriminatoria y vulneradora de derechos, en perjuicio de la salud pública, del derecho a un ambiente sano y de la dignidad animal. Nos encontramos, frente a una desigualdad material[62]. Mientras

---

[62] La desigualdad es una categoría compleja que configura una amenaza estructural para el desarrollo social y económico, en la medida en que dificulta la reducción sostenible de la pobreza, restringe el despliegue de las capacidades humanas y territoriales, y limita el acceso equitativo a oportunidades (García, Contreras y Rodríguez, 2025).

quienes cuentan con mayores ingresos pueden asumir mayores gastos y acceder a servicios privados ofrecidos a través de pólizas de seguros, el resto de la población carece de soluciones efectivas. ello evidencia una falla estructural en la política pública, así como la ausencia de cubrimientos mínimos que garanticen la atención adecuada en estos escenarios.

Por consiguiente, el Estado debe asumir un rol más activo, diseñando una regulación específica y promoviendo mecanismos universales que armonicen la protección sanitaria, ambiental y la dignidad animal con el reconocimiento del vínculo humano–animal en la sociedad contemporánea, evitando que las aseguradoras incurran en prácticas discriminatorias de carácter sectorial o económico. En concordancia con lo anterior, la Ley 1774 de 2016 reconoce a los animales como seres sintientes que merecen una protección especial contra el sufrimiento y el dolor. Asimismo, dentro de los principios que orientan el bienestar animal, se establece la prevención del dolor injustificado y la obligación de evitar que padezcan enfermedades derivadas de la negligencia o el descuido.

En este sentido, las pólizas de seguro prevén un mecanismo de reembolso cuando ocurre un siniestro, consistente en el pago contra factura. Esto implica que, ante un accidente o enfermedad del animal, el propietario debe asumir inicialmente los costos de la atención y, con posterioridad, solicitar el reintegro correspondiente a la aseguradora. Ahora bien, ¿qué sucede cuando el propietario no cuenta con los recursos económicos necesarios para garantizar la atención veterinaria del animal? ¿Debe el animal soportar un dolor injustificado como consecuencia de una limitación económica?

Estas prácticas de reembolso pueden convertirse en una barrera económica para los propietarios con menores recursos, pues exigen una capacidad de pago inmediata que no todos poseen. En consecuencia, aunque formalmente exista cobertura, materialmente el acceso al servicio puede verse restringido, generando una exclusión indirecta de quienes no pueden asumir el costo inicial del tratamiento. Encontrándonos, entonces, frente a una práctica potencialmente discriminatoria e injustificada.[63]

Desde la perspectiva constitucional, esta práctica puede entrar en tensión con el principio de igualdad material,[64] en la

---

[63] En la medida en que las representaciones sociales expresan la manera en que los distintos discursos describen y clasifican a los sujetos, es a través de ellas que se reproducen diversas formas de desigualdad y dominación. Este proceso alimenta dinámicas discriminatorias que se refuerzan de manera circular, hasta el punto de condicionar la capacidad de acción de las personas categorizadas, limitar el ejercicio de sus derechos y restringir su posibilidad de desarrollar una vida en condiciones de igualdad. (Tavernelli, 2007)

[64] La igualdad material puede entenderse como una reformulación del principio de igualdad en el marco del Estado social de Derecho. Esta perspectiva parte del reconocimiento de la situación social

medida en que el acceso efectivo a la prestación asegurada queda condicionado a la capacidad económica del asegurado. Si la función social del seguro es mitigar riesgos, prevenir contingencias y generar estabilidad, la exigencia de asumir previamente el costo de la atención del animal desnaturaliza dicha finalidad, convirtiéndose en una forma de exclusión y trasladando al asegurado una carga económica que precisamente busca distribuir mediante la contratación del seguro.

En consecuencia, estas prácticas de las aseguradoras desconocen la normatividad en materia de protección animal y ponen al asegurado en una situación de desprotección. Por ello, resulta necesario exigir a las aseguradoras que tengan a disposición de sus usuarios una red de clínicas veterinarias que asuman directamente la atención del animal al momento de configurarse el riesgo.

2.4. La ausencia de indemnización integral

En apartados anteriores ya se viene reiterando el problema de la falta de indemnización que presentan los seguros de animales

---

concreta en la que se encuentran las personas y busca alcanzar una equiparación real y efectiva entre ellas. Para hacer posible dicha igualdad sustancial, los poderes públicos pueden verse en la necesidad de adoptar medidas que, en apariencia, resulten desiguales o incluso contrarias a la igualdad formal, pero cuyo propósito sea mejorar la posición de aquellos grupos que padecen condiciones persistentes de desventaja social. (Carmona, 1994) en Colombia. Del estudio realizado al mercado nacional, se encontraron seguros que cubrían sumas entre 5 y 10 SMLMV. Otros únicamente cubren daños patrimoniales, haciendo énfasis, incluso en algunos casos, en amparar exclusivamente el daño emergente, pasando por alto el lucro cesante.[65]

Adicionalmente, en la totalidad de seguros investigados no se cubren daños relacionados con la transmisión de enfermedades, situación que ya fue analizada y en la que se evidencio la gravedad que reviste. Para analizar la falta de indemnización debido a los aspectos anteriormente mencionados, se tuvieron en cuenta dos situaciones en particular, en las que consideramos que no es viable el acceso a una indemnización integral; los cuales son: (i) el animal objeto del seguro ataca a una persona, ocasionando un perjuicio grave, ya sea por las heridas o por enfermedades derivadas de las mismas, y (ii) el animal tiene un encuentro con otro animal, ocasionando la muerte.

---

[65] En términos de la Corte, el daño emergente comprende no sólo la pérdida directa de bienes o elementos patrimoniales, sino también los gastos que hayan debido realizarse o que razonablemente deban efectuarse en el futuro, así como la generación de nuevas cargas u obligaciones pasivas derivadas del hecho que origina la responsabilidad. Por su parte, el lucro cesante se configura por las ganancias ciertas que la víctima dejó de percibir o que razonablemente habría obtenido en el porvenir, siempre que se fundamenten en el mismo supuesto fáctico que da lugar a la reclamación indemnizatoria, conforme ha sido el criterio reiterado de la Corporación. (Corte Suprema de Justicia, 2025)

2.4.1. Daño ocasionado a la persona

En el primero de los casos, las principales consecuencias derivadas de las mordeduras de perros comprenden las lesiones físicas y cicatrices ocasionadas por la agresión,[66] la eventual transmisión de enfermedades infecciosas[67] —como la rabia, la pasteurelosis, el tétanos y otras infecciones secundarias—, las afectaciones psicológicas,[68] las incapacidades, los costos económicos asociados a tratamientos médicos y terapéuticos, las ausencias laborales y las medidas de control animal; donde la consecuencia más grave es la muerte de la víctima, ya sea como resultado directo de las lesiones sufridas o de las enfermedades transmitidas a través de la mordedura (Palacio et al, 2005).

---

[66] Una herida ocasionada por mordedura de perro puede presentar diversas formas de lesión, entre ellas abrasiones, heridas punzantes, laceraciones y traumatismos por aplastamiento; además, puede asociarse con fracturas subyacentes, presencia de cuerpos extraños y compromiso de estructuras profundas como tendones y nervios. (Romero, 2021)

[67] La incidencia de infección tras una mordedura de perro oscila entre el 2 % y el 25 %. El riesgo se incrementa en presencia de comorbilidades, así como según la localización y el tamaño de la herida —especialmente cuando supera los 3 cm o compromete la mano— y cuando transcurre un tiempo prolongado entre la lesión y la atención médica. (Maniscalco et al, 2025)

[68] Dentro de las consecuencias psicológicas ocasionadas por ataques de perros están el trastorno de estrés postraumático (TEPT), la ansiedad, las fobias y los problemas de autoestima ocasionados por cicatrices. (Inmab, 2025)

Las personas que son víctimas de ataques graves de perros en EE. UU. generalmente padecen lesiones severas que pueden demandar entre 300.000 y un millón de dólares en tratamientos médicos especializados. Asimismo, las intervenciones de cirugía reconstructiva —incluidos injertos cutáneos, expansión tisular y procedimientos para disminuir cicatrices— suelen implicar múltiples cirugías extendidas a lo largo de varios años (Dogsbite, 2026).

Lo anterior se centra únicamente en los casos en los que se producen consecuencias sistémicas severas, pues las indemnizaciones por causa de muerte o por incapacidades laborales prolongadas, producidas por enfermedades, pueden llegar a ser incluso más cuantiosas. En cuanto a los gatos, las lesiones producidas por estos no suelen ser tan preocupantes físicamente, radicando su gravedad en mayor medida en la alta probabilidad de infección directamente relacionada con la profundidad de las heridas.[69]

---

[69] Las mordeduras de gato presentan una tasa de infección cercana al 30 %, atribuida principalmente a la profundidad con la que se inoculan los patógenos a través de sus dientes afilados. En la población pediátrica, estas lesiones se localizan con mayor frecuencia en las extremidades superiores y, en los niños más pequeños, en la cabeza y el cuello. Con frecuencia, la consulta médica ocurre cuando la herida ya se encuentra infectada. En la mayoría de los casos, las mordeduras comprometen únicamente tejidos blandos; menos del 1 % afecta estructuras musculoesqueléticas profundas y

Estas heridas, con frecuencia, producen lesiones punzantes acompañadas de laceraciones; suelen contener bacterias tanto aeróbicas como anaeróbicas y se asocian comúnmente con complicaciones como celulitis y linfangitis. El microorganismo aislado con mayor frecuencia es Pasteurella multocida, seguido por Streptococcus, Staphylococcus, Neisseria y Moraxella. Asimismo, Bartonella henselae —clásicamente relacionada con arañazos de gato y transmitida por pulgas— también puede identificarse en mordeduras. Entre los anaerobios presentes en estas lesiones se encuentran especies de Fusobacterium y Capnocytophaga, lo que evidencia el carácter polimicrobiano de este tipo de infecciones (Maniscalco et al, 2025).

En los contextos anteriormente planteados, los daños a los humanos pueden ser graves, pero, sobre todo, abarcan un amplio espectro dentro de las categorías indemnizables derivadas de la responsabilidad civil. Si como consecuencia del ataque de un animal de compañía, se produce, a manera de ejemplo, la pérdida de capacidad laboral, incapacidades prolongadas o la pérdida de alguna oportunidad negocial, ocasionando un perjuicio económico más allá de la misma lesión y afectando los ingresos que se hubieran percibido de no ser por el incidente, se produciría, con claridad, la afectación al

---

aproximadamente el 0,02 % involucra órganos o elementos internos. (Maniscalco et al, 2025) lucro cesante, categoría que algunos de los seguros han optado por no cubrir.

En cuanto a los daños extrapatrimoniales[70] puede manifestarse de diversas formas: i) como la afectación de un sentimiento interno y subjetivo, configurándose el daño moral; ii) como la privación objetiva de la posibilidad de desarrollar actividades cotidianas o de disfrute —como practicar deportes, asistir a eventos, viajar, compartir con familiares o amigos, o mantener relaciones íntimas— lo que constituye el daño a la vida de relación; iii) como la vulneración de derechos fundamentales de la personalidad, tales como el buen nombre, la propia imagen, la libertad, la intimidad y la dignidad, los cuales cuentan con especial protección constitucional; y iv) el daño a la salud como categoría autónoma, el cual se configura cuando se produce una afectación a la integridad psicofísica de la persona, entendida como su integridad física o mental, que resulta menoscabada al alterarse la normalidad orgánica y funcional del individuo, ya sea en el ámbito corporal o en el

70 En el pasado, el daño extrapatrimonial se circunscribe esencialmente al daño moral; sin embargo, con el transcurso del tiempo y la evolución de la ciencia jurídica, su alcance se amplió para comprender otras categorías indemnizables. Así, la jurisprudencia ha reconocido, además del perjuicio moral, el daño a la salud, el daño a la vida de relación y las afectaciones a bienes jurídicos de especial protección constitucional, los cuales ostentan el rango de derechos humanos fundamentales. (Corte Suprema de Justicia, 2025, *Col.*)

plano de la operatividad mental. (Corte Suprema de Justicia, 2025, Col.).

Planteado el daño extrapatrimonial, se evidenció que varios de los seguros comercializados excluyen este tipo de daños de sus coberturas; daño que, por su naturaleza, en la mayoría de casos, abarca gran parte de la indemnización por responsabilidad civil en Colombia. A modo de ejemplo, en un caso de ataque de animal doméstico pueden confluir los siguientes tipos de daños extrapatrimoniales:

El daño moral, por ejemplo, ocasionado por cicatrices o problemas estéticos -sobre todo en ataques al rostro- que provocan depresión o inseguridad en un espacio público, sin contar además con la acción que puedan llegar a tener las víctimas por rebote[71]. Esto, debido a emociones como tristeza, enojo o frustración, y el daño en la vida en relación, que sobre todo se vería involucrado en casos de mordida de perro cuando se compromete un nervio o una articulación, ocasionando la

[71] Las personas cercanas a la víctima —como el cónyuge, compañero(a) permanente, hijos u otros allegados—, con independencia de su eventual condición de herederos, pueden sufrir un perjuicio propio como consecuencia del daño ocasionado a la víctima directa. Este menoscabo, reconocido por la doctrina y la jurisprudencia, ha sido denominado daño "por rebote" o por contragolpe, y se caracteriza por ser autónomo respecto del daño padecido por la víctima principal, además de enmarcarse en el ámbito de la responsabilidad extracontractual. (Díaz-Granados, 2012)

pérdida de sensibilidad o de capacidad de movimiento, lo que claramente limitaría la realización de actividades cotidianas.

Además, el daño a la salud como entidad autónoma, al sufrir la víctima pérdidas motoras o padecimientos mentales como el trastorno de estrés postraumático (TEPT), ansiedad crónica o traumas profundos en relación con los animales, y que limiten el funcionamiento mental normal. Teniendo en cuenta lo anterior, la falta de uniformidad en la oferta en el mercado, con la existencia de pólizas ofrecidas que limitan los conceptos indemnizables o con montos demasiado bajos, termina por afectar el derecho a la indemnización integral de la víctima.

En este punto también es importante tener en cuenta que todas las pólizas contaban con la exclusión por transmisión de enfermedades, lo que es realmente preocupante si se tiene en cuenta que, en perros, la probabilidad de infección es del 15 % al 20% y, en gatos, incluso supera el 50 % en eventos de ataques (Jofré, 2006). Lo anterior es uno de los eventos más preocupantes para los médicos tratantes. Se trata de situaciones en las que no habría indemnización alguna en caso de que el propietario no cuente con recursos suficientes, quedando la víctima desamparada, aun estando en vigencia una póliza.

2.4.2. Daño ocasionado entre animales de compañía

El segundo escenario planteado es aquel en el que un animal de compañía ocasiona daños a otro animal, y escenario en el que consideramos que no se encuentran elementos para cumplir con una indemnización integral.

Frente a esto, en una investigación realizada por la aseguradora británica Direct Line Pet Insurance (2017) se encontró que uno de cada siete propietarios de perros (15%) reportó que su mascota fue atacada por otro can en los últimos doce meses. De manera preocupante, 64 097 perros (5 %) fallecieron como consecuencia de lesiones derivadas de ataques o peleas en el último año, mientras que 44 375 sufrieron lesiones permanentes que alteraron significativamente su calidad de vida. Al consultar a múltiples profesionales veterinarios, se evidenciaron las graves consecuencias derivadas de las peleas entre perros. Según lo reportado, el 23 % de los veterinarios han atendido casos con lesiones internas severas, tales como perforaciones en el estómago y los pulmones, mientras que un 10 % ha tratado fracturas de mandíbula y un porcentaje igual ha intervenido por lesiones en el cuello. De manera lamentable, el 27 % de los encuestados manifestó haber tenido que practicar la eutanasia a perros como consecuencia de lesiones que no admitían tratamiento.

Estas cifras, además de preocupantes, están revestidas por el trasfondo de la sociedad actual, sociedad en la que los animales han pasado de ser cosas sobre las que se puede ejercer el dominio a ser seres sintientes, que, bajo esta cualidad, pueden llegar a crear lazos afectivos con los humanos e incluso a ser parte de sus familias.[72]

Es así como, en Colombia, desde hace algunos años, se ha empezado a hablar de la familia multiespecie, con un reconocimiento tanto legal como jurisprudencial, suscitando conflictos entre las personas por cuotas alimentarias o regulando el régimen de visitas para los animales. El precedente de estas decisiones lo encontramos en la sentencia T-391 de 2024, emitida por la Corte Constitucional, donde se reconoce a las familias multiespecie dentro del ordenamiento jurídico.

La Corte establece que la familia multiespecie se entiende como aquella integrada por un grupo de individuos —humanos y animales no humanos— que conviven en el ámbito doméstico y desarrollan un vínculo de afecto propio de las relaciones familiares, configurando un espacio de cuidado y protección. Dentro de sus elementos esenciales, identificados por la mayoría de expertos e intervinientes, se encuentran: (i) la

[72] Las personas no solo permiten que estos animales no humanos habiten en sus hogares y los reconocen como integrantes de su núcleo familiar, sino que además procuran activamente preservar ese vínculo, destinando importantes recursos emocionales y económicos para sostenerlo, como advierte Serpell (1996). Asimismo, el lazo afectivo que se configura entre los individuos y sus mascotas genera un apego emocional profundo, lo cual ayuda a explicar la relevancia que estos animales tienen en la vida de muchas personas y respalda la forma en que han llegado a ser concebidos social y jurídicamente como miembros de la familia, en los términos señalados. (Diaz, 2015)

convivencia doméstica, (ii) la existencia de un lazo afectivo de carácter familiar y (iii) la integración de individuos pertenecientes a distintas especies biológicas, en particular humanos y animales no humanos. Adicionalmente, algunos autores incorporan como criterios complementarios (iv) el reconocimiento por parte del humano y la asignación al animal de un rol dentro del núcleo familiar y (v) la consolidación de un entorno basado en el afecto y la protección (Corte Constitucional, 2024).

Esto tiene una relevancia trascendental en la reparación de daños, pues ya no se habla de un simple daño patrimonial, sino que se reconocen lazos afectivos que, ante situaciones de pérdida o daño, pueden llegar a afectar seriamente al propietario del animal en su esfera emocional.

Lo anterior permite advertir que la pérdida o el daño de un animal de compañía no comporta únicamente un perjuicio de carácter patrimonial, sino que puede dar lugar también al reconocimiento de un daño moral o sentimental. En efecto, cuando los vínculos afectivos que las personas construyen con sus animales de compañía se ven interrumpidos o lesionados, se genera una desestabilización en el sistema familiar, tal como lo señalan Díaz & Rodríguez (2019), circunstancia que, trasladada al ámbito jurídico, puede traducirse en la configuración de un daño moral o afectivo indemnizable (Condoy, 2023).

Al respecto, países como España han tenido grandes avances en la materia y aunque sigue vigente la discusión doctrinal en cuanto a la manera en que se deben indemnizar este tipo de daños (Navas, 2010) la jurisprudencia suele admitir el daño moral como un concepto indemnizable (Fraile, 2017).

En Colombia, dicha posición se ha ido adoptando por parte de la jurisprudencia; sin embargo, aún no forma parte del precedente vinculante de las altas cortes. Hasta la fecha, se pueden rastrear algunas providencias donde se reconoce este daño; sin embargo, las sumas indemnizatorias se pueden considerar bajas, aunque se desconocen los criterios tomados por los jueces.[73] La novedad en la materia está rodeada también de cierta inseguridad jurídica, ante una condena en responsabilidad, todavía no se cuenta con un precedente judicial lo suficientemente sólido que permita asegurar que se reconozcan estos perjuicios.

Adicionalmente, a estos casos le sería aplicable la cobertura de responsabilidad civil extracontractual, porque

---

[73] En 2024, el Juzgado 84 Civil Municipal de Bogotá D.C. reconoció el daño moral por la pérdida de un perro de raza pug, determinando que el veterinario había sido responsable de los perjuicios al haber sido ocasionados en un proceso de castración. Se reconoció un daño moral de 4 millones de pesos. Más recientemente, en el año 2025, el Tribunal de Medellín reconoció la existencia de daño moral, ante la muerte de la perra llamada Sakari, la cual fue asesinada por otros perros en una guardería para mascotas. Se reconoció un perjuicio moral de 10 SMLMV.

contaría con los mismos problemas planteados en el apartado anterior, debido a bajos montos estipulados en la póliza y a la falta de reconocimiento de perjuicios morales. También se plantea la situación en la que sea el perro asegurado el que sufra los daños como consecuencia del encuentro agresivo con otras mascotas; para lo que se requeriría, además de la cobertura veterinaria, la cobertura por muerte del animal, la cual solo tenía una de las pólizas consultadas.

En este caso, se establece que el 66% de los propietarios cuyos perros estuvieron involucrados en una pelea manifestó que al menos uno de los animales resultó herido, y el 35% señaló que fue necesario acudir a tratamiento veterinario. En conjunto, los dueños han asumido aproximadamente 458 millones de libras esterlinas en gastos veterinarios para atender las lesiones de su propio perro o del otro animal implicado, lo que representa un promedio cercano a 400 libras por ejemplar. Además, el 16 % de los propietarios desembolsó más de 700 libras esterlinas para cubrir los costos derivados de estos incidentes (Direct Line Pet Insurance, 2017).

Lo anterior deja entrever que, ante la ausencia de póliza y acciones legales eficaces contra el propietario del animal que ocasionó el perjuicio, ya sea por falta de fondos de este u otras circunstancias, es el dueño del animal quien debe asumir los costos veterinarios derivados del encuentro agresivo.[74] Dicha situación se convierte en un espectro especial de desprotección para el dueño de la mascota asegurada si se tiene en cuenta un escenario de muerte del animal. En la única cobertura que se encontró para este tipo de eventos en el mercado colombiano, se establece que la indemnización se limitará a entregar el valor de un cachorro de la misma raza, que no supere $1.000.000 de pesos colombianos, valor que disminuye de acuerdo a la edad del animal.

La póliza se convierte entonces en un instrumento de mera reparación patrimonial, sin que se busque la genuina reparación integral, ignorando que con estos hechos se pueden producir daños morales significativos. Adicionalmente, el hecho de que el amparo se limite al valor comercial del animal excluye a aquellos perros que no son de razas reconocidas o certificadas, lo que comúnmente se reconoce como "perros criollos", los cuales no tienen un valor patrimonial, pero pueden llegar a tener un gran valor sentimental.

Situación similar se produce con razas de un costo mayor, pues la mayoría de estas superan este límite, por lo que no se logrará un resarcimiento adecuado ni patrimonial ni extrapatrimonial. En este punto, es necesario establecer que,

74 El valor asociado al tratamiento de lesiones derivadas de un ataque puede resultar considerablemente elevado y, en tales circunstancias, lo menos deseable para el propietario es enfrentar la incertidumbre sobre la existencia de cobertura. (Direct Line Pet Insurance, 2017)

para que la indemnización integral proceda en estos casos, se requiere un pronunciamiento y reconocimiento jurisprudencial en la materia de las altas cortes, el cual deberá fijar parámetros para el reconocimiento de perjuicios extrapatrimoniales en los casos anteriormente presentados.

Sin embargo, el conflicto también proviene del interior del mercado, pues el seguro actual de animales, en cuanto a su amparo de responsabilidad, es insuficiente y va en contravía de la reparación integral de las víctimas, contrariando postulados constitucionales que se expondrán en el siguiente capítulo.

Capítulo 3
Propuesta de soluciones y mejoras

Una vez analizadas las diferentes problemáticas que rodean la póliza actual de animales, resulta necesario plantear una serie de alternativas orientadas a superar las deficiencias detectadas, no solo desde una perspectiva doctrinal, sino también jurídica. En este sentido, se hace indispensable proponer mecanismos que permitan garantizar una efectiva protección animal.[75] más allá de la salvaguarda del patrimonio del propietario. Este

[75] La noción de protección animal encuentra uno de sus antecedentes modernos en la Revolución Francesa, a partir de la cual comenzó a consolidarse un enfoque bienestarista frente a los animales. América Latina no ha sido ajena a esta tendencia, pues diversos movimientos sociales han impulsado transformaciones culturales orientadas a fortalecer la solidaridad del ser humano con la naturaleza, como respuesta a múltiples manifestaciones de violencia contra los animales. Como consecuencia de ello, varios gobiernos de la región han incorporado en sus agendas públicas la protección de los animales, reconociéndolos como seres sintientes merecedores de respeto. En este contexto, la expedición de normas destinadas a la protección de los animales de compañía se erige como una medida legítima y necesaria, fundada en el deber humano de garantizarles condiciones de bienestar, seguridad y cuidado, así como de prevenir cualquier acto de crueldad que les genere sufrimiento innecesario. (Villafañe, Gómez & Gómez, 2021).

cambio de enfoque implica repensar la estructura tradicional del contrato de seguro e incorporar, en su análisis, una dimensión constitucional que reconozca la especial protección que merecen los animales como seres sintientes.

Por ello, resulta pertinente examinar el surgimiento y la naturaleza del seguro obligatorio en Colombia, sus coberturas mínimas y su función como instrumento de protección de bienes jurídicos colectivos, entre ellos el medio ambiente. Asimismo, se hace necesario argumentar la conveniencia de crear un ramo independiente de seguros para animales, que responda a sus particularidades y riesgos propios. Finalmente, deberá establecerse el alcance de la función social del contrato de seguro y su potencial como herramienta para garantizar una protección integral y efectiva.

En este orden de ideas, la discusión no puede limitarse al solo análisis contractual o técnico del contrato de seguro, sino que debe abordarse desde su estructura, en que se reconozca que, en un Estado social de Derecho, el seguro debe cumplir con su función social y preventiva. Siendo necesario indagar, si históricamente el contrato de seguro obligatorio ha sido utilizado para indemnizar aquellos daños causados en la realización de actividades peligrosas, entonces la tenencia y manejo de animales de compañía debe ser clasificado dentro de estos o, por el contrario, debe tener una regulación específica.

De igual forma, debe analizarse si la ausencia de una regulación integral genera vacíos que impactan la igualdad material, la salud pública y la protección ambiental. En la medida en que el seguro se erige como instrumento de distribución y socialización del riesgo, su configuración normativa debe orientarse no solo a la indemnización posterior al daño, sino también a la prevención, mitigación y control de riesgos asociados a la convivencia humano-animal, especialmente a la transmisión de enfermedades inter especies.

En consecuencia, el debate sobre el seguro para animales trasciende el ámbito estrictamente mercantil y se inserta en una discusión más amplia sobre el alcance de la función social del contrato de seguro, la intervención legítima del Estado en la economía y la necesidad de armonizar la actividad aseguradora con los mandatos constitucionales de protección animal, solidaridad y justicia material.

3.1. Análisis de la aplicación de una póliza de seguro obligatorio en animales en Colombia

Las pólizas de seguros obligatorios[76] han sido las de mayor desarrollo en los distintos Estados, lo cual ha permitido el

---

[76] La imposición de una cobertura obligatoria constituye una forma de intervención estatal en un mercado que, en principio, debería operar conforme a las dinámicas de la libre oferta y la demanda. Son diversas las razones que pueden justificar la instauración de un seguro obligatorio, tales como el riesgo de insolvencia del potencial responsable, el ejercicio de actividades peligrosas o la existencia de

cumplimiento de diversas políticas públicas. Entre las más conocidas se encuentran el seguro obligatorio de accidentes de tránsito, el de salud, el de riesgos laborales y el de cumplimiento.

El antecedente más remoto del seguro de accidentes de tránsito se ubica en Asia, particularmente en el Japón de 1914, cuya economía se encontraba en expansión. En ese contexto, se introdujo un seguro destinado a amparar los pocos vehículos que circulaban entonces. Con el crecimiento progresivo del parque automotor —que para 1955 ya superaba el millón de vehículos—, la normativa japonesa determinó la obligatoriedad de este seguro, consolidándose como una exigencia legal (Fajardo, 2011, p. 126).

Posteriormente, los países de Europa occidental fueron pioneros en su implementación. Finlandia adoptó esta medida en 1925, seguida por Noruega en 1926, Dinamarca en 1927 (Morales de Setien, 2009). Suecia y Austria en 1929, el Reino

---

externalidades negativas cuyos costos sociales superan el deber individual de aseguramiento. No obstante, en múltiples ocasiones las decisiones orientadas a establecer este tipo de coberturas no responden a un análisis económico riguroso. Con frecuencia, el Legislador y algunas entidades del Gobierno Nacional conciben el seguro obligatorio como una respuesta inmediata frente a los problemas derivados de determinadas actividades, bajo la equivocada premisa de que el seguro sustituye una adecuada gestión del riesgo, cuando en realidad debe entenderse como un instrumento complementario dentro de una política integral de prevención y control. (Fasecolda, 2022).

Unido en 1930, Suiza y Luxemburgo en 1932, Irlanda en 1934 y, finalmente, Alemania en 1939. En este contexto, en 1955 se celebró la Conferencia del Benelux, a la cual se adhirieron la mayoría de los países que hoy contemplan este seguro como obligatorio. No obstante, algunos Estados lo incorporaron de manera más tardía, como España en 1962 y Portugal en 1979 (Ceballos, 2002).

En Colombia, el primer intento de regulación se produjo mediante la Ley 12 de 1959, por medio de la cual se otorgaron facultades al Estado para intervenir en la industria automotriz, especialmente en lo relacionado con los vehículos de servicio público. Posteriormente, con la Ley 8 de 1969, se creó el registro de vehículos automotores y se estableció la reglamentación correspondiente en materia de policía de tránsito y normas de circulación vial. Más adelante, con la Ley 33 de 1986, se materializó la obligatoriedad del seguro de accidentes de tránsito.[77] Con la Ley 45 de 1990, se establecieron disposiciones relativas a la actividad aseguradora, y se facultó al

[77] El SOAT corresponde al Seguro Obligatorio de Accidentes de Tránsito, cuya contratación es exigida para todos los vehículos que circulen en el territorio nacional. Esta póliza ampara los daños corporales ocasionados a las personas con ocasión de un accidente de tránsito, asegurando la cobertura de los servicios médicos requeridos, así como el reconocimiento de indemnizaciones por incapacidad permanente o fallecimiento, además de los gastos funerarios y de transporte en ambulancia, dentro de los límites fijados por la normatividad vigente. (Decreto 1032 de 1991)

presidente de la República para reglamentar el SOAT, lo cual se concretó mediante el Decreto 1032 de 1991.

La normatividad vigente establece, como una de sus principales características, la obligatoriedad de contar con un seguro que ampare las lesiones o afectaciones físicas ocasionadas a las personas como consecuencia de accidentes de tránsito. Asimismo, consagra la atención obligatoria e inmediata de las víctimas en cualquier institución prestadora de servicios de salud del territorio nacional, siendo un baluarte esencial la función social del seguro, por medio del cubrimiento de la muerte o de los daños físicos ocasionados, y la atención de aquellas víctimas de accidentes de tránsito que no cuentan con la póliza (Decreto 663 de 1993).

Todo lo anterior evidencia su naturaleza social, objetiva y protectora de la víctima, al concebirse como un mecanismo de garantía mínima de atención y reparación inmediata frente a los daños corporales derivados de accidentes de tránsito. En este sentido, se aproxima más a una institución de seguridad social que a un seguro patrimonial tradicional, contribuyendo a la garantía y protección de derechos fundamentales como la vida, la salud y la integridad personal.

En materia de salud, según Lizarazo, Fajardo, Berrío y Quintana (2010) los conceptos relacionados con la protección del trabajador frente a los riesgos y peligros derivados de la actividad laboral, así como la normativa correspondiente, fueron prácticamente desconocidos en Colombia hasta comienzos del siglo XX. En 1904, Rafael Uribe Uribe abordó de manera específica la problemática de la seguridad en el trabajo, iniciativa que posteriormente dio lugar a la Ley 57 de 1915, conocida como la "Ley Uribe", sobre accidentalidad laboral y enfermedades profesionales. Esta norma se constituyó en la primera disposición legislativa del país orientada a regular la salud de los trabajadores.

Posteriormente, se emitió una serie de normas que buscaron la protección de los trabajadores, siendo una de las más relevantes la Ley 10 de 1934, que reguló aspectos relacionados con la enfermedad profesional; luego, la Ley 44 de 1939, que creó el seguro obligatorio e introdujo indemnizaciones por accidentes de trabajo. A través de la Ley 100 de 1993 y del Decreto-Ley 1295 de 1994 se creó el Sistema General de Riesgos Profesionales, el cual estableció un modelo de aseguramiento privado de los riesgos laborales y cuyo principal objetivo fue la creación y promoción de una cultura de prevención de accidentes de trabajo y enfermedades profesionales.

La atención médica es usualmente subcontratada a instituciones prestadoras de servicios de salud (IPS) que, junto con las entidades promotoras de salud (EPS), garantizan la atención primaria de las personas, asegurando su derecho a la salud. Esta póliza de seguro es esencialmente protectora, social, objetiva y obligatoria, enmarcada dentro del sistema de seguridad social, y tiene características similares al SOAT, siendo un mecanismo con finalidad preventiva y solidaria,[78] orientado a garantizar la vida, la salud y la integridad del trabajador frente a los riesgos derivados de su actividad laboral.

Como se evidencia, la naturaleza de los seguros anteriormente analizados es similar, en la medida en que responden a mecanismos solidarios de protección social orientados a garantizar la atención inmediata y el resarcimiento de los daños, en consonancia con los principios del Estado Social de Derecho.

En este sentido, el análisis de derecho comparado permite advertir que países como España, mediante la Ley 7/2023, y Suiza, por regulación individual de sus cantones, han desarrollado múltiples mecanismos de protección para los

78 La Corte Constitucional ha sostenido que la solidaridad, en su calidad de principio estructural de la organización estatal, orienta y configura múltiples elementos esenciales del ordenamiento superior. Este principio constituye el eje del mandato de igualdad material previsto en el artículo 13 de la Constitución y sirve de fundamento al régimen de derechos sociales y económicos, incluidos aquellos relativos a la familia, la niñez, las personas mayores y las personas con limitaciones físicas, sensoriales o psíquicas. Asimismo, la solidaridad actúa como criterio organizador del sistema de salud, del saneamiento ambiental y del esquema de contribuciones especiales en los servicios públicos domiciliarios, además de brindar sustento constitucional a las formas asociativas y solidarias de propiedad promovidas por la propia Carta Política. (Consejo de Estado, 2012)

animales de compañía.[79] No obstante, también exigen un mayor grado de responsabilidad por parte de sus propietarios frente a la sociedad en general, mediante obligaciones de registro y, especialmente, la contratación de un seguro obligatorio que ampare los daños ocasionados a terceros.

Por ello, resulta necesario que en Colombia se adopte una medida similar, no solo porque garantiza una protección efectiva a los animales de compañía, conforme a lo dispuesto en la Ley 1774 de 2016, sino también porque asegura una indemnización adecuada al tercero que resulte víctima de un daño ocasionado por el animal. Entre los mandatos específicos que el artículo 79 de la Constitución impone al Estado se encuentran la obligación de salvaguardar la diversidad y la

[79] La noción de protección animal encuentra uno de sus antecedentes modernos en la Revolución Francesa, a partir de la cual comenzó a consolidarse un enfoque bienestarista frente a los animales. América Latina no ha sido ajena a esta tendencia, pues diversos movimientos sociales han impulsado transformaciones culturales orientadas a fortalecer la solidaridad del ser humano con la naturaleza, como respuesta a múltiples manifestaciones de violencia contra los animales. Como consecuencia de ello, varios gobiernos de la región han incorporado en sus agendas públicas la protección de los animales, reconociéndolos como seres sintientes merecedores de respeto. En este contexto, la expedición de normas destinadas a la protección de los animales de compañía se erige como una medida legítima y necesaria, fundada en el deber humano de garantizarles condiciones de bienestar, seguridad y cuidado, así como de prevenir cualquier acto de crueldad que les genere sufrimiento innecesario. (Villafañe, Gómez & Gómez, 2021)

integridad del entorno ambiental, preservar las zonas de especial relevancia ecológica y promover la educación orientada al cumplimiento de dichos objetivos. (Corte Constitucional, 2024).

Se ha resaltado la imperiosa necesidad de proteger el ambiente y los ecosistemas, reconociéndose como un bien jurídico amparado constitucionalmente. En tal sentido, se ha concebido como un principio transversal que irradia todo el ordenamiento jurídico, al imponer al Estado el deber de preservarlo y salvaguardarlo. Asimismo, se le ha atribuido la connotación de servicio público y definido como un objetivo social cuya materialización se sustenta en el fin esencial de garantizar el mejoramiento de la calidad de vida de la población. De esta manera, el ambiente se erige como una prioridad dentro de los fines estatales, comprometiendo directamente la responsabilidad del Estado en la prevención y control de los factores de deterioro ambiental, así como en la adopción de medidas efectivas de protección (Corte Constitucional, 2017, Col.).

Ahora bien, el artículo 333[80] constitucional establece la libertad de empresa y el libre mercado como pilares

---

80 Este principio supone que los particulares puedan desarrollar actividades industriales o comerciales en un entorno de libre competencia, sin que, en términos generales, sean restringidos o limitados de manera arbitraria por regulaciones o prohibiciones estatales. En ese sentido, el inciso segundo del artículo 333 de la

fundamentales de la economía, estableciendo límites a partir del mantenimiento del orden público, por razones del servicio público y la prohibición de monopolios. En consecuencia, esta póliza de seguro debería ser adquirida por todos los propietarios de perros y gatos, cubriendo, al menos, dos riesgos fundamentales: en primer lugar, un amparo de salud para el animal, de modo que, en caso de enfermedad o accidente, pueda recibir atención en la red de clínicas dispuesta por la aseguradora; en segundo lugar, un amparo de responsabilidad civil extracontractual que permita indemnizar de manera efectiva a cualquier tercero que sufra un daño causado por el animal.

A juicio de los autores, la póliza propuesta debe clasificarse como un seguro de daños,[81] en primer lugar porque

Constitución Política dispone expresamente que la libre competencia económica es un derecho de todos, el cual conlleva responsabilidades (Aristizábal, 2000)

[81] La doctrina especializada ha señalado que el debate acerca de si el seguro debía limitarse exclusivamente a la indemnización de un daño efectivamente padecido dio origen a la denominada teoría de la necesidad, formulada por el profesor Hans Möller. Conforme a esta postura —también conocida como teoría monista—, el fundamento del seguro radica en la satisfacción de una necesidad de protección. Frente a esta concepción surgió la teoría dualista, la cual distingue dos grandes categorías: los seguros de cosas, a los que se aplica el principio indemnizatorio, y los seguros de personas o de sumas, en los cuales dicho principio no opera. Posteriormente, esta clasificación fue objeto de revisión mediante la diferenciación entre seguros de indemnización objetiva y de indemnización subjetiva,

contempla el amparo de responsabilidad civil extracontractual, figura que tradicionalmente se enmarca dentro de esta categoría. Si bien la cobertura de salud suele ubicarse dentro de los seguros de personas, en este caso el sujeto asegurado es un animal de compañía que, si bien es reconocido como ser sintiente, no ostenta la calidad jurídica de persona.

En ese contexto, la póliza debe analizarse desde la concepción clásica del contrato de seguro. No obstante, ello no excluye la posibilidad de que, en el futuro, se configure un ramo autónomo destinado específicamente a los animales, en el cual se defina con mayor claridad su naturaleza jurídica o incluso se contemple su estructuración como un seguro de carácter mixto.

Con base en lo anterior, la adopción de estas medidas podría representar un avance significativo en materia de protección animal y social. Más allá del cumplimiento formal de la normatividad vigente, se trata de gestionar

---

cuya distinción se centra en el momento en que se determina el importe de la prestación asegurada. La indemnización puede determinarse al momento en que ocurre efectivamente el siniestro, ocasión en la cual se procede a valorar los intereses asegurados que han resultado afectados por la materialización del riesgo cubierto. Alternativamente, la indemnización puede fijarse de manera anticipada al celebrarse o concluirse el contrato, caso en el cual no depende de parámetros materiales u objetivos derivados del daño, sino de la suma asegurada definida por el tomador de la póliza. Con base en esa suma, el asegurador calcula el monto de la prima, entendida como el precio de la cobertura otorgada. (Narváez, 2011) adecuadamente los riesgos que surgen en la convivencia social y de garantizar que, en caso de materializarse, exista una reparación efectiva. Como lo demuestra la experiencia internacional, la educación y la cultura de responsabilidad son herramientas esenciales para asegurar la protección de los animales y la construcción de sociedades más seguras, en las que se minimicen los riesgos y se consolide la garantía de derechos.

3.2. Creación de un ramo independiente de seguros de animales

El apartado anterior, dedicado a la explicación de los seguros obligatorios en Colombia, tiene su razón de ser en el hecho de que una de las propuestas que se manejan en el presente texto es la creación de un ramo de seguros para animales de compañía, ramo que sería de adquisición obligatoria. Para llegar al punto álgido de la propuesta se debe explicar cómo funciona este seguro desde su nacimiento como ramo independiente, hasta explorar las posibles coberturas y exclusiones que, de acuerdo con lo desarrollado hasta el momento, debería tener el mismo.

La propuesta tiene fundamento en que, en la actualidad, las pólizas de seguro para animales que se comercializan se hacen bajo el ramo de responsabilidad civil. El mencionado ramo, si bien tiene características que resultan provechosas en cuanto a sus amparos, siempre estará guiado por una naturaleza de protección patrimonial, permitiendo cláusulas que dejen de lado la protección animal, como se evidenció anteriormente.[82]

Frente a este escenario quedan dos alternativas: una autorregulación del mercado asegurador en la que el seguro de responsabilidad se adapte a las necesidades de protección animal, ampliando sus amparos actuales frente a los animales y cambiando la perspectiva actual, o una regulación desde la Superintendencia Financiera[83] de un nuevo ramo de animales, dentro del cual, además de la cobertura de responsabilidad, se encuentren distintas coberturas destinadas al bienestar animal, a la indemnización integral y a la protección social.

La primera de las alternativas, además de optimista, pierde validez práctica si lo que se propone es un seguro

---

[82] En este sentido, la Corte Suprema de Justicia ha establecido que una interpretación de la regulación del seguro de responsabilidad civil que ignore, reduzca o desplace su finalidad primordial de protección del patrimonio del asegurado implicaría alterar su naturaleza jurídica y vaciar de contenido su estructura esencial. Ello supondría desconocer la finalidad para la cual fue diseñada por el legislador, afectando, además, la confianza legítima que el asegurado deposita en esta modalidad contractual como mecanismo de cobertura frente a eventuales contingencias. (Corte Constitucional, 2019)

[83] Corresponde a la Superintendencia Financiera de Colombia autorizar los ramos de seguros que pretenda comercializar las entidades aseguradoras. Dicho trámite se someterá al régimen de autorización general o al de autorización individual, según lo establecido en las disposiciones previstas en el presente numeral. (Superintendencia Financiera, 2014)

obligatorio, cuando, con ocasión de la expedición de tales amparos, la entidad alcance una producción correspondiente a un ramo no autorizado que pueda considerarse significativa, deberá solicitar la respectiva autorización, ya que sin ella no podrá continuar ofreciendo dichas coberturas. Entendiéndose que la expedición de amparos es significativa cuando el monto de producción de una cobertura adicional supere el quince por ciento (15%) de la producción obtenida por las demás coberturas de la póliza (Superintendencia Financiera, 2014).

Resulta, entonces, imperiosa la creación del ramo y la autorización de la entidad de vigilancia y control de Colombia para la comercialización de este seguro, si lo que se pretende es que, mediante estos, se promueva el bienestar animal. Superado el anterior punto, corresponde entonces centrarnos en la estructura que debe cumplir esta póliza, qué amparos debe tener y qué exclusiones deben ser aceptadas con el fin de no sobrecargar al mercado asegurador. En consecuencia, corresponde determinar las partes del contrato propuesto, para lo cual debemos encargarnos de establecer las figuras de tomador, asegurador y beneficiario.[84]

---

[84] El artículo 1037 del Código de Comercio establece que, en el contrato de seguro, intervienen como partes el asegurador, es decir, la persona jurídica legalmente autorizada que asume los riesgos en los términos previstos por la ley y la póliza, y el tomador, quien, actuando por cuenta propia o ajena, traslada el riesgo al asegurador mediante la celebración del contrato; sin embargo, de conformidad

Para la póliza que se propone, la figura del tomador deberá estar en cabeza de toda aquella persona que tenga bajo su propiedad o guarda de un animal de compañía. Por otro lado, el asegurador será la entidad debidamente autorizada por la Superintendencia Financiera y el beneficiario será tanto la persona que sufra daños y el propietario o la persona que tenga bajo su guarda un animal de compañía, en cuanto al deber de cumplimiento de ciertos estándares de bienestar animal.

Con respecto a la estructura que debe mantener el seguro, debemos remitirnos al artículo 1045 del Código de Comercio, el cual indica los elementos esenciales del contrato de seguro, siendo estos: interés asegurable, riesgo asegurable, la prima y la obligación condicional del asegurador. En este punto conviene precisar que se realizará el análisis de la póliza sobre los tres primeros elementos esenciales, pues la obligación condicional se encontrará cumplida siempre que el asegurador deba indemnizar únicamente con la ocurrencia de los siniestros plasmados en la póliza (Decreto 410 de 1971).

---

con los artículos 1038 y 1039 del Código de Comercio, este puede celebrarse por cuenta de un tercero, caso en el que surge la figura del beneficiario, quien, aun sin haber participado necesariamente en la formación del vínculo contractual, es titular del derecho a recibir la indemnización o prestación económica derivada del siniestro. (Decreto 410 de 1971, Art. 1037-1039, *Col*)

Frente al interés asegurable,[85] este elemento esencial deberá tener una dualidad en sus dimensiones de protección, pues se buscaría asegurar tanto el patrimonio del propietario de la mascota, en el eventual caso de que ocasione un perjuicio, como el deber de bienestar animal en caso de que la propia mascota sufra daños. El riesgo asegurable,[86] por su parte, se configura con el evento de que el animal de compañía ocasione daños tanto patrimoniales como extrapatrimoniales a alguna persona, o en el caso de que el animal asegurado sufra daños como consecuencia de peleas o enfermedades.

Finalmente, la prima, como el pago que realiza el tomador con el fin de trasladar los riesgos que se pactan en el

---

85 El interés asegurable —entendido como el objeto del contrato de seguro— puede definirse como la relación de carácter económico cuya integridad se encuentra expuesta a uno o varios riesgos, y, en virtud de la cual, una persona mantiene un vínculo consigo misma, con otra persona o con determinados bienes o derechos, considerados en sentido general o particular. Dicho interés presenta particularidades distintas según se trate de seguros de daños o de seguros de personas. (Corte Constitucional, 1999)

86 El artículo 1054 del Código de Comercio define el riesgo como el acontecimiento incierto que no depende exclusivamente de la voluntad del tomador, del asegurado o del beneficiario, cuya realización genera la obligación indemnizatoria del asegurador; en consecuencia, quedan excluidos del concepto los hechos ciertos —con excepción de la muerte—, los físicamente imposibles y aquellas situaciones en las que solo exista una incertidumbre subjetiva sobre un hecho ya ocurrido, pues tales supuestos no constituyen riesgo asegurable ni integran válidamente el objeto del contrato de seguro (Decreto 410 de 1971, Art. 1054, *Col*).

contrato al asegurador, se encuentra satisfecha con el simple pago de un precio. El monto de este pago debe calcularse con un análisis del riesgo; es decir, no se debe olvidar que, a pesar de que se postula que la simple tenencia de un animal ya conlleva una responsabilidad que justifica la adquisición de una póliza y el cambio en el régimen de responsabilidad, hay ciertas razas que, por sus condiciones particulares, comportan un mayor riesgo. Esto tiene especial relación con las razas denominadas de manejo especial o, para el caso de los amparos que se van a postular más adelante, aquellos animales que, genéticamente, tienen predisposición a sufrir enfermedades.

No resulta entonces en una prima uniforme, pues, a pesar de que los amparos lo sean, cada animal comporta por sí mismo un riesgo diferente dependiendo de condiciones particulares, situación que se ve reflejada especialmente en los caninos. Establecida la estructura general, se pasará a establecer los amparos obligatorios con los que debe contar la póliza, así como sus exclusiones. Estos amparos tendrán un sustento claro que se desarrollará en el apartado venidero, que corresponde a los amparos de responsabilidad civil y de salud para animales.

3.2.1. Sustento del amparo de responsabilidad civil

La necesidad de este amparo radica en el riesgo inminente de que, ante los daños de cualquier tipo ocasionados por un animal de compañía, no exista indemnización integral a la víctima. Las cifras ya presentadas en apartados pasados dan cuenta de ello. En la mayoría de los casos, las víctimas de ataques tienen que suplir los gastos por su propia cuenta. Una de las explicaciones a este fenómeno se encuentra en la distribución demográfica de los animales, pues la población de animales suele aumentar en estratos socioeconómicos más bajos. Un ejemplo de esto lo encontramos en Bogotá, donde la posesión de animales de compañía presenta una relación inversa con el nivel socioeconómico: mientras en los estratos 1 a 4 la tenencia fluctúa entre el 62% y el 65%, en los estratos 5 y 6 desciende al 47% (Concejo de Bogotá, 2025).

Esto se traduce en que la mayoría de las familias que deciden tener una mascota, ya sea por la generación de un vínculo, el sentimiento de compañía o por poner bajo su protección a un animal, realmente no tienen los recursos para asumir de manera súbita los daños que esta puede producir. Lo anterior pone en riesgo el acceso a una indemnización integral de aquellas personas que resulten afectadas por los animales, generando una profunda desprotección ante los ataques que se puedan producir.

El amparo de responsabilidad civil resulta ser una herramienta de suma utilidad en estos casos, pues su adquisición permite no solo la protección patrimonial, sino además la garantía de indemnización para las personas que resulten afectadas por el hecho dañino. Y es que, al amparo que se propone, debe otorgarle ciertas características del seguro de responsabilidad actual, el cual ha sido desarrollado tanto doctrinal como jurisprudencialmente, en cuanto a su importancia como garantía de indemnización integral de la víctima.[87]

Se han venido mencionando algunos limitantes que se configuran con el manejo del ramo de responsabilidad civil; sin embargo, la mayoría de estos limitantes se trata de la falta de regulación de los amparos que lo acompañan en los seguros para animales. Puesto que el seguro de responsabilidad tiene como objetivo último la protección del patrimonio del asegurado ante la configuración de un daño —evitando que se aplique el enfoque de bienestar animal en las pólizas—, el mismo amparo también se rige por las reglas de la responsabilidad civil.

Una de estas reglas, adoptada desde el derecho francés, es «réparer tout le dommage, mais rien que le dommage». Esta

[87] En cuanto al contenido del núcleo esencial de la reparación integral, puede afirmarse que este se compone, por una parte, del derecho de toda persona a no padecer un daño injustificado en sus intereses, ya sean personales o patrimoniales; y, por otra, del derecho a obtener una indemnización o compensación que restituya de manera plena los efectos derivados del daño sufrido. Ello supone no sólo la formulación de un reproche jurídico frente a la conducta lesiva, sino también la verificación efectiva y suficiente de la reparación de todos los perjuicios que guarden una relación de causalidad directa con la actuación del responsable. (Sandoval, 2013)

expresión indica que la indemnización debe abarcar la totalidad de los perjuicios efectivamente sufridos, pero sin exceder los límites estrictos del daño realmente causado. En otras palabras, la reparación debe ser completa, aunque nunca desbordar la dimensión real del perjuicio. Como lo explica Henao Pérez (1998) si la indemnización supera el daño efectivamente producido, se configura un enriquecimiento sin justa causa en favor de la víctima; mientras que, si resulta inferior al perjuicio padecido, se genera un empobrecimiento igualmente injustificado. De manera aún más categórica, el derecho de daños constituye un imperativo de restablecimiento de lo perdido por obra ajena, y nada más (Sandoval, 2013).

Dicha regla ha resultado también aplicable al seguro de responsabilidad del artículo 1127 del Código de Comercio.[88] En otras palabras, el seguro de responsabilidad busca, además de la protección patrimonial ante la responsabilidad, la efectiva

---

[88] El artículo 1127 del Código de Comercio define el seguro de responsabilidad como aquel en el que se impone al asegurador la obligación de indemnizar los perjuicios patrimoniales ocasionados por el asegurado con ocasión de la responsabilidad en que incurra, conforme a la ley, teniendo como finalidad principal el resarcimiento de la víctima, quien, en tal condición, adquiere la calidad de beneficiaria de la indemnización, sin perjuicio de las prestaciones que puedan corresponder al propio asegurado. En este marco, son susceptibles de aseguramiento tanto la responsabilidad contractual como la extracontractual, así como los supuestos de culpa grave. (Decreto 410 de 1971, art 1127, *Col*)

reparación de la víctima de manera justa, sin que ésta vaya más allá del daño causado, pero sin que, por medio de este, se menoscabe el resarcimiento del daño producido. La concepción del seguro de responsabilidad, expresada, no solo es completamente acorde con el orden constitucional, sino que es consecuencia directa de este, bajo el principio de la buena fe y de la función social de la actividad aseguradora.[89] Estos principios resultan particularmente relevantes cuando las personas que deben ser amparadas atraviesan situaciones de vulnerabilidad, con daños materiales y morales significativos (Corte Constitucional, 2009).

Díaz-Granados (2012) realiza un análisis de estos elementos en el seguro de responsabilidad, estableciendo que, en estos escenarios, el seguro de responsabilidad trasciende el ámbito estrictamente privado y mercantil para asumir una función social relevante en la protección de la comunidad frente a conductas generadoras de responsabilidad. En

[89] La función social del contrato de seguro, así como el carácter de interés público que reviste la actividad aseguradora, explican que la doctrina reconozca de manera pacífica la especial relevancia del principio de buena fe (art. 83 de la Constitución Política y art. 871 del Código de Comercio) en este ámbito. En el contrato de seguro, la buena fe no opera en términos ordinarios, sino que adquiere una intensidad superior respecto de otros negocios jurídicos, dado que el cumplimiento honesto y transparente de las obligaciones resulta determinante para garantizar una cobertura adecuada y oportuna del daño, así como para mitigar sus efectos sobre los beneficiarios. (Corte Constitucional, 2009)

consecuencia, la evolución y hermenéutica del contrato incorporan actualmente un componente constitucional de significativa trascendencia.

Lo anterior, según el autor, se debe a la evolución en la concepción de este tipo de seguros. El seguro, inicialmente concebido para proteger exclusivamente el patrimonio del asegurado, amplió progresivamente su alcance. En este sentido, Zornoza (2011) sostiene que, como resultado de la evolución jurisprudencial y normativa, el seguro de responsabilidad, aunque en principio ampara el daño sufrido por el asegurado, se ha consolidado cada vez más como un mecanismo de protección de las víctimas, que han adquirido un papel preponderante dentro de esta institución, particularmente a través de la acción directa y del régimen de excepciones inoponibles.

La aseveración realizada es acorde con el alcance que le ha dado la jurisprudencia constitucional a este tipo de seguros, tema frente al cual se ha pronunciado la alta corte debido a su trascendencia constitucional. Así, en la Sentencia C-409 de 2009, la Corte Constitucional menciona que esta consideración adquiere aún mayor relevancia en el contrato de seguro de responsabilidad civil. Por su estructura y finalidad específicas, esta modalidad contractual está íntimamente vinculada con el resarcimiento de la víctima de un hecho dañoso cubierto por la póliza, de modo que el cumplimiento o incumplimiento de las obligaciones asumidas por las partes incide directamente en la efectividad de la reparación. En consecuencia, tanto la función social del seguro como la exigencia reforzada de buena fe se erigen en elementos esenciales para garantizar la protección real y efectiva de quienes resultan afectados por el siniestro.

Por ello el seguro que se propone busca amparar de forma especial aquellos casos en los que debido a su gravedad se ocasionan todo tipo de perjuicios, como en los casos en los que se requieren cirugías estéticas, existencia de pérdida de funcionalidad o transmisión de enfermedades graves. El reconocimiento de los perjuicios patrimoniales del seguro de responsabilidad resulta, entonces, un elemento fundamental para la indemnización integral. Sin embargo, no se deben perder de vista los daños extrapatrimoniales que se pueden ocasionar en estos casos, los cuales pueden presentarse comúnmente en un encuentro agresivo entre dos animales de compañía o en la presencia de lesiones graves, físicas o psicológicas.

Es con respecto a este último punto que se considera necesaria una intervención regulatoria de la Superintendencia Financiera, pues los daños presentados trascienden el esquema del seguro de responsabilidad clásico, en casos donde la falta de indemnización puede llegar a ocasionar perjuicios irremediables. El seguro deberá entonces cubrir todo tipo de daños, abarcando las dos clasificaciones presentes y sus subcategorías, haciendo énfasis en los casos en que la gravedad del hecho dañoso produzca consecuencias graves.

Con respecto al amparo por transmisión de enfermedades, este cumpliría una doble función social, pues, además de la anteriormente mencionada, coadyuva en el control de enfermedades[90] y la protección del derecho a la salud de los afectados.[91] Sin embargo, las coberturas no pueden ser absolutas ni ser una herramienta para proteger la mala fe o negligencia de los dueños de mascotas. Aunque la práctica haya flexibilizado la asegurabilidad de la culpa grave en el seguro de responsabilidad civil, desde la perspectiva del seguro planteado resulta más adecuado mantener, como guía estructural, la regla

---

[90] La ley 1751 de 2015 establece que corresponde al Estado implementar políticas públicas encaminadas a disminuir las desigualdades derivadas de los determinantes sociales de la salud que afectan el goce efectivo de este derecho, así como a fomentar su promoción, la prevención de la enfermedad y el mejoramiento de la calidad de vida. Dichas políticas deberán estar orientadas prioritariamente a la consecución de la equidad en materia de salud. (Ley 1751 de 2015, art 9, *Col*)

[91] El artículo 49 de la Constitución indica que la prestación de los servicios de salud y las actividades de saneamiento ambiental constituyen responsabilidades públicas asignadas al Estado, el cual debe asegurar a todas las personas el acceso a acciones de promoción, protección y recuperación de la salud. En este marco, corresponde a las autoridades organizar, dirigir y regular dichos servicios conforme a los principios de eficiencia, universalidad y solidaridad. (Constitución Política de Colombia, art 49)

del artículo 1055 del Código de Comercio, según la cual el dolo y la culpa grave no son asegurables.

Con base a lo anterior, se debe tener en cuenta que los propietarios no pueden pasar por alto el cuidado de sus mascotas, ya que un seguro otorga la tranquilidad de protección. Por el contrario, la póliza se plantea como garantía del cuidado. Asimismo, el amparo de transmisión de enfermedades deberá contar con una exclusión para la transmisión de enfermedades producidas por pandemias o epidemias,[92] pues esta carga es completamente desproporcionada y fuera de control para el mercado asegurador.

3.2.2. Sustento del amparo de salud para animales

El segundo amparo obligatorio que se propone es el de salud para animales de compañía. Este amparo tiene sustento en los mandatos constitucionales de protección y bienestar animal,[93]

[92] De acuerdo con el Diccionario de términos médicos de la Real Academia Nacional de Medicina, una epidemia consiste en la propagación de una enfermedad dentro de un país durante un período determinado, mientras que la pandemia supone su expansión a varios países o regiones más allá de las fronteras nacionales. (Real Academia de Medicina de España, 2020)

[93] De esta concepción se derivan, correlativamente, deberes concretos en cabeza de los seres humanos, orientados a asegurar la protección efectiva de los animales. Entre tales obligaciones se encuentra la de prevenir cualquier forma de maltrato, tortura o acto de crueldad, así como la de garantizar el cuidado de su integridad

los cuales, por circunstancias que se expondrán con posterioridad, en la mayoría de las ocasiones son ignorados. Podemos decir que el compromiso con la protección del bienestar animal encuentra fundamento en el artículo 79 de la Constitución Política y, de manera concomitante, se articula con el principio de solidaridad, el cual impone el deber de respetar los derechos ajenos y de abstenerse de abusar de los propios, en aras de garantizar un ambiente sano.

En este sentido, García & Villán (2023) establecen que la preservación de un entorno saludable comprende necesariamente la protección de los animales, lo cual puede analizarse desde dos dimensiones complementarias: por un lado, la relativa a la fauna en términos de conservación de la biodiversidad y del equilibrio ecológico entre las especies; y, por otro, la orientada a evitar el maltrato, la crueldad y cualquier forma de sufrimiento injustificado. Ambas perspectivas integran el alcance constitucional del deber de protección animal dentro del marco del derecho a un ambiente sano (Kiuhan & Lizcano, 2025).

Desde la perspectiva constitucional, se sostuvo que el deber de protección animal impone al Estado y a los particulares la obligación de asegurar que, en la interacción entre personas y animales, se respete y garantice el bienestar de

---

física y la preservación de su vida, en coherencia con el mandato constitucional de bienestar animal. (Corte Constitucional, 2023) estos últimos. En esa línea, dicho bienestar se estructura, como mínimo, sobre varios postulados esenciales: en primer lugar, la prohibición de someterlos a situaciones de sed, hambre o desnutrición; en segundo término, la exigencia de no mantenerlos en entornos inadecuados que comprometan su comodidad, ya sea por deficiencias en el espacio físico, condiciones térmicas adversas o niveles insuficientes de oxigenación; asimismo, el deber de brindarles atención oportuna frente al dolor, la enfermedad o las lesiones; la prohibición de exponerlos a escenarios que les generen miedo o estrés injustificado; y, finalmente, la garantía de que puedan desarrollar los comportamientos naturales propios de su especie (Corte Constitucional, 2016).

Resulta importante el postulado bajo el cual existe el deber de brindarles atención oportuna a los animales en situaciones de dolor, enfermedad o lesiones, pues, en dichas circunstancias, se encuentra la piedra angular de la necesidad de este amparo. Si bien tanto el texto como la interpretación constitucional favorecen y establecen la preservación animal, teniendo como base teórica su bienestar, siendo una de estas dimensiones la atención ante problemas de salud, en la práctica la ejecución de esta dimensión se ignora frecuentemente.

Una de las principales causas de lo anterior es el alto costo de los tratamientos veterinarios.[94] Los propietarios ven la adquisición o la adopción del mismo únicamente desde el ámbito familiar y sentimental, dejando de lado los altos costos que pueden acarrear los cuidados o las enfermedades. Teniendo en cuenta esto, es indispensable que las personas que decidan incluir como miembro de la familia a un animal de compañía lo hagan más allá del sentimentalismo, con plena conciencia de la responsabilidad económica, social y legal que conlleva esta decisión.[95] Esta responsabilidad no es exclusiva de

---

[94] Para numerosos propietarios de animales de compañía, el valor de las consultas veterinarias genera inquietud y resulta comprensible cuestionar las razones de su aparente elevado costo. Los exámenes de rutina, las pruebas diagnósticas y los tratamientos especializados pueden acumularse con rapidez, de modo que, sin una explicación técnica suficiente, las sumas facturadas pueden parecer desproporcionadas o difíciles de asimilar. Si a ello se añade la preocupación propia derivada del estado de salud del animal, es apenas natural que surjan sentimientos de frustración o inconformidad frente a los gastos asumidos. (Barnes et al., 2026)

[95] Resulta indispensable que las personas y las familias que deciden incorporar un animal de compañía, ya sea por adopción o por compra, comprendan el alcance de las responsabilidades que esta decisión implica. Entre ellas, la dimensión económica ocupa un lugar central, pues su magnitud puede variar según factores como la especie, la raza o el tamaño del animal. Como advierte Homez H. (2021) estos elementos inciden directamente en los costos asociados a su manutención. En este contexto, los altos gastos en salud veterinaria que asumen los propietarios en Colombia impactan de manera significativa su presupuesto, constituyéndose en una carga

las personas, pues el Estado juega una labor primordial en ayudarlos con el cumplimiento de este deber, como parte de su misión de preservación y protección animal.

En países como Estados Unidos, el sector veterinario ya empieza a realizar críticas frente a la falta de apoyo estatal en este sentido. En la medida en que las pruebas diagnósticas y los tratamientos médicos guardan similitud técnica tanto en medicina humana como en medicina veterinaria, los costos asociados tienden a ser comparables. La diferencia sustancial reside en que, a diferencia del sistema de salud humano —que puede contar con esquemas de respaldo estatal—, en el ámbito de la salud animal no existe un soporte gubernamental equivalente, de modo que la carga económica recae íntegramente en el propietario (Winthrope, 2021).

Teniendo en cuenta esto, autores como Losada et al (2023) han señalado que la situación es preocupante en una ciudad como Bogotá, donde una parte significativa de la población cuenta con ingresos limitados; no resulta sencillo destinar un rubro específico para cubrir eventuales gastos médicos veterinarios. Este argumento tiene relación con lo que ya se señalaba en el apartado anterior, donde la mayoría de los animales de compañía se distribuyen en la población de

---

financiera que debe ser razonablemente prevista al momento de asumir la tenencia. (Losada et al, 2023) estratos medio-bajos, mientras que los estratos altos presentan un menor porcentaje de tenencia.

En situaciones de enfermedades o accidentes graves, en las que los tratamientos y cuidados resultan más costosos, la ausencia de recursos económicos puede conducir incluso a la eutanasia del animal.[96] En diferentes estudios, médicos veterinarios de animales pequeños en Estados Unidos, el 57% manifestó que las limitaciones económicas de los propietarios afectan negativamente su posibilidad de ofrecer la calidad de atención que consideraban adecuada, al menos una o varias veces al día.

En este contexto, se ha acuñado la expresión "eutanasia económica" para describir aquellas situaciones en las que la decisión de practicar la eutanasia se adopta principalmente —o en medida significativa— con fundamento en el costo de la atención veterinaria. Asimismo, el concepto comprende los supuestos en los que, aun buscándose asistencia profesional, se

[96] Uno de los conflictos éticos más frecuentes en el ejercicio de la medicina veterinaria se presenta frente a decisiones que pueden conducir a muertes percibidas como crueles, desafortunadas o prematuramente anticipadas. En este contexto, Lolas y De Freitas Drumond (2013, p. 319) proponen el concepto de "mistanasia" como sustituto de la denominada "eutanasia social". Aunque originalmente la categoría alude a la muerte provocada en seres humanos por causas políticas, sociales o económicas que restringen su acceso al sistema de salud, la noción resulta ilustrativa para analizar ciertas situaciones en el ámbito veterinario. (Henao, 2017)

opta por realizar pruebas diagnósticas o tratamientos mínimos —o incluso ninguno— debido a restricciones financieras, lo que finalmente conduce a la práctica de la eutanasia como desenlace inevitable (Cooney & Kipperman, 2023).

Frente a esto, Manuel Bollar, profesor asociado en el área de Urgencias y Cuidados Críticos de la Universidad de Melbourne y médico veterinario del Hospital de Animales U-Vet Werribee, ha señalado que esta es una decisión que observa con frecuencia en numerosas familias, las cuales deben ponderar el cuidado de sus animales de compañía frente a otras cargas financieras como el pago de hipotecas, matrículas escolares y el incremento general del costo de vida. (Winthrope, 2021). En Colombia, la práctica de la eutanasia en animales está regulada principalmente por la Ley 576 de 2000, conocida como el Código de Ética Veterinaria,[97] en la que no se encuentra prohibición expresa para practicar la llamada

[97] El parágrafo 2.º del artículo 19 define la eutanasia como una "muerte sin dolor" y establece que podrá practicarse con la voluntad y autorización previa del usuario del servicio o del responsable del animal. Asimismo, precisa que, en el ámbito de la medicina veterinaria, la eutanasia puede constituir tanto un recurso terapéutico como una medida sanitaria, caso en el cual su aplicación adquiere carácter obligatorio. En todo evento, el procedimiento deberá emplear métodos farmacológicamente aceptados, de naturaleza humanitaria y que garanticen la ausencia de dolor. (Ley 576 del 2000, art. 19, *Col*)

eutanasia económica; por el contrario, cuenta con algunas normas que permiten acudir a ella.

Es así como el artículo 25 establece que los profesionales de las ciencias animales están obligados, en principio, a atender los servicios que les sean solicitados; no obstante, podrán abstenerse de asumir un caso, una consulta o incluso suspender la prestación del servicio cuando concurran determinadas circunstancias. Entre ellas, cuando el usuario o responsable no asume los costos derivados del tratamiento requerido por los animales bajo su atención. (Ley 576 del 2000, Art. 25, Col)

En concordancia, el artículo 21 dispone que los médicos veterinarios y los zootecnistas deberán respetar la libre elección del usuario al momento de solicitar sus servicios, y que su ejercicio profesional deberá desarrollarse en estricto cumplimiento del marco legal vigente (Ley 576 del 2000, Art 21, Col). Planteado de manera diferente, el veterinario puede abstenerse de realizar o continuar con la prestación del servicio médico cuando el propietario no pueda costearlo. Además, está dentro del libre albedrío del usuario decidir practicar la eutanasia ante la escasez de recursos, no existiendo, a la fecha, norma que lo prohíba.[98]

---

[98] En España, la Ley 7/2023 prohíbe expresamente la práctica de este tipo de eutanasias, siendo únicamente admisible esta práctica

Para evitar estas situaciones, se ha planteado una cultura de previsión por medio de la contratación de pólizas. Sin embargo, estas suelen incorporar limitaciones contractuales como deducibles, topes mínimos y máximos de cobertura, así como exclusiones, lo que eleva su costo y restringe su acceso para un amplio sector de la población (Losada et al, 2023).

El amparo que se plantea resulta una herramienta ideal para afrontar las dificultades mencionadas. Lejos de plantear una política pública de subsidio, la adquisición de la póliza por parte de los propietarios busca que sean conscientes de la responsabilidad que conlleva la tenencia del animal de compañía, sin que ésta se vea afectada intempestivamente por falta de recursos económicos.

El pago de la prima se establece como elemento del contrato de seguro contenido en la normatividad colombiana y herramienta del cuidado responsable, asumiendo el pago de una suma más considerable en comparación con los costos de tratamiento veterinario. Además, el seguro funcionará como garantía de protección y bienestar animal, pues ningún animal amparado por el mismo dejará de recibir un tratamiento que vaya alineado efectivamente con su bienestar.

Se deberá incluir dentro de los amparos una serie de visitas preventivas al veterinario, las cuales tendrán como

---

como consecuencia de necesidad médica o bienestar animal. (Ley 7/2023, *Esp.*)

objetivo la detección temprana y la no evolución de enfermedades complejas. Ciertamente, se plantea como principal exclusión el dolo del tomador en los daños que se le puedan ocasionar al animal; en este sentido, el seguro también es una herramienta eficaz para llevar un registro claro y emitir una alerta a las autoridades de presunto maltrato ante señales de alarma que evidencian los veterinarios, cumpliendo con los mandatos de la Ley 1774 de 2016.[99]

El seguro obligatorio es, en realidad, una gran oportunidad de ayuda al control estatal que tanto se ha proclamado desde la doctrina, no desde el subsidio ni desde la perspectiva de asumir las obligaciones y responsabilidades de los propietarios, sino desde la alianza entre los sectores gubernamentales, aseguradores y veterinarios, con el único fin de dar cumplimiento a los mandatos constitucionales y legales respecto al cuidado animal.

3.3. Póliza de seguro estatal subsidiado - animales callejeros

Durante la historia del Estado colombiano, diversas normas han establecido esquemas de seguros subsidiados, siendo los más conocidos e importantes los del sector salud. La Ley 10 de

99 En su condición de seres sintientes, los animales no pueden ser equiparados jurídicamente a cosas, razón por la cual el ordenamiento les reconoce una protección reforzada frente al sufrimiento y al dolor, particularmente cuando este proviene de manera directa o indirecta de la actuación humana. (Ley 1774 de 2016, Art. 1, *Col.*)

1990 dispuso que la prestación de los servicios de salud, en todos sus niveles, constituye un servicio público bajo la responsabilidad del Estado, que garantiza la gratuidad de los servicios básicos para la totalidad de los habitantes del territorio nacional.

Posteriormente, la Constitución Política de 1991, en sus artículos 48 y 49, incluyó la salud como un derecho económico, social y cultural, es decir, de segunda generación.[100] En ese marco, la atención en salud y el saneamiento ambiental fueron definidos como servicios públicos cuya responsabilidad recae en el Estado, garantizando a todas las personas el acceso a las acciones de promoción, prevención y recuperación de la salud. Este derecho, a través del desarrollo jurisprudencial, fue reconocido por la Corte Constitucional como un derecho fundamental autónomo.

Más adelante, la Ley 100 de 1993 creó el actual Sistema General de Seguridad Social en Salud, estableciendo el régimen subsidiado, cuya finalidad es financiar la atención en salud de las personas en situación de pobreza o vulnerabilidad, así como

[100] La segunda generación está integrada por los derechos de carácter colectivo y por los derechos sociales, económicos y culturales —como el derecho a un salario justo o la libertad de asociación—. Estos surgen como respuesta a las transformaciones derivadas de la Revolución Industrial y suponen, para el Estado, el deber de garantizar su realización progresiva, conforme a sus capacidades económicas. Su finalidad es propender por el mejoramiento de las condiciones de vida de la población. (Moreno, 2025)

la de sus grupos familiares que carecen de capacidad económica para realizar aportes al sistema (Ley 100 de 1993, Art. 212, Col.). En este contexto, se estructuraron dos modalidades de aseguramiento orientadas a garantizar la cobertura universal de la población: el régimen contributivo (RC) y el régimen subsidiado (RS), los cuales se articulan financieramente mediante un fondo común de recursos (Guerrero, Gallego, Becerril & Velásquez, 2011).

Como señalan Giedion, Panopoulou & Gómez-Fraga (2009) el financiamiento del régimen subsidiado se efectúa a través del Fondo de Solidaridad y Garantía (fosyga, ahora Adres), que destina a este fin un punto y medio porcentual del 12,5% de la cotización del régimen contributivo, recursos que se complementan con aportes provenientes de otras fuentes fiscales y parafiscales. Los afiliados al régimen subsidiado reciben atención a través de las Entidades Promotoras de Salud (EPS) adscritas a dicho régimen.

En 1991, el Constituyente Primario optó por estructurar la organización política de la sociedad colombiana bajo el modelo de Estado social de derecho. Con esta decisión se definieron los rasgos esenciales que caracterizan dicha forma de Estado y se fijaron los pilares filosóficos y políticos que la sustentan, entre ellos el respeto por la dignidad humana, el valor del trabajo, el principio de solidaridad[101] y la primacía del interés general sobre el particular. (Constitución Política de Colombia, Art.1).

La solidaridad es reconocida de manera unánime como un principio esencial y fundacional de la seguridad social. Puede comprenderse en una doble dimensión: por un lado, como una solidaridad general, en virtud de la cual todos los integrantes de la sociedad contribuyen al bienestar común mediante el aporte de los recursos necesarios para garantizar las prestaciones a quienes las requieran, con independencia de un interés individual inmediato en su obtención; y por otro, como una solidaridad intergeneracional, conforme a la cual cada generación asume la responsabilidad de proteger y sostener a aquellas que se encuentran en situación pasiva (Átala, 2002).

En consecuencia, la naturaleza de los seguros subsidiados[102] en Colombia es pública y solidaria, propia del

---

[101] La solidaridad se erige como un criterio orientador fundamental de las políticas públicas destinadas a corregir las desigualdades, con el propósito de brindar una protección reforzada a quienes se encuentran en situación de mayor vulnerabilidad. A través de este principio se promueve una redistribución más equitativa de los recursos, en consonancia con el postulado central del Estado social de derecho: asegurar no solo una igualdad y libertad formales, sino su realización material y efectiva. (Corte Constitucional, 2001)

[102] La existencia y funcionamiento del seguro subsidiado se aproximan a un modelo de aseguramiento público, en la medida en

sistema de seguridad social, aunque operan mediante esquemas de aseguramiento administrados por entidades privadas bajo la supervisión del Estado. Se trata de un mecanismo institucional orientado a garantizar un derecho fundamental a la población sin capacidad económica o en situación de vulnerabilidad, y en situaciones especiales.

Como se argumentó anteriormente, el Estado, a través de las alcaldías y los distritos, tiene la obligación de controlar los animales en condición de calle, no solo en lo relativo a su reproducción, sino también en la prevención de daños a terceros. En ese sentido, resulta necesario proponer y exigir que el Estado colombiano adopte medidas eficaces para proteger a los ciudadanos frente a los riesgos derivados de animales callejeros. Los ataques de estos animales, especialmente de perros, no constituyen hechos aislados; por el contrario, se presentan con mayor frecuencia de la que muchos ciudadanos suponen. Por ello, sería pertinente que el Estado

---

que parte del reconocimiento de que un amplio sector de la población sin capacidad económica quedaría excluido en un esquema estrictamente privado al no poder asumir el costo de una prima acorde con el riesgo. Desde esta perspectiva racional de la política pública, puede afirmarse que la adopción de un seguro de salud dirigido a la población en situación de pobreza conduciría a un mayor acceso a los servicios sanitarios, lo que, con el paso del tiempo, se traduciría en un aumento en la utilización de la atención médica y de los servicios de prevención, produciendo efectos positivos sostenidos tras su implementación. (Atehortúa & Palacio, 2014) adquiera una póliza general que ampare dichos riesgos mediante un seguro de responsabilidad civil extracontractual.

De igual manera, debería prever una cobertura destinada a la protección de animales en situación de calle que resulten afectados por accidentes o enfermedades que comprometan su salud o su vida, en observancia del deber jurídico consagrado en la Ley 1774 de 2016 de prevenir el dolor y el sufrimiento innecesario. Tales coberturas podrían estructurarse bajo un esquema de protección mixta, con componentes preventivos e indemnizatorios, configurando así una póliza igualmente mixta que integre amparos propios de los seguros de salud y de daños.

Resulta pertinente señalar que, en el ámbito internacional, Francia ha desarrollado un modelo de póliza de salud subsidiada para animales, mediante el cual el propietario asume un costo reducido por la atención derivada de accidentes o enfermedades. Esta iniciativa tiene como finalidad disminuir la carga económica asociada a los gastos veterinarios a través del pago de una tarifa anual aproximada de 60 euros.

Un esquema de esta naturaleza podría considerarse viable en Colombia; no solo en atención al principio de solidaridad consagrado en la Constitución Política y su proyección hacia la protección del medio ambiente, sino también como un instrumento eficaz para prevenir el maltrato animal, en cumplimiento de los deberes jurídicos que el ordenamiento impone al Estado en materia de protección y bienestar animal. En comparación con el seguro obligatorio, ambos aseguramientos tienen un carácter preventivo, por medio del cual se garantiza a los ciudadanos el acceso a servicios públicos básicos que aseguren el goce de derechos fundamentales.

La póliza propuesta debería ser adquirida por el Estado, que funciona como tomador y asegurado. Los beneficiarios serían los ciudadanos que resulten afectados por hechos derivados de dichos animales en el territorio nacional. Ahora bien, en cumplimiento del artículo 333 constitucional, esta póliza de seguro debe ser contratada con una aseguradora privada que opere en el territorio nacional.

Uno de los principales cuestionamientos consiste en determinar la existencia de un interés asegurable[103] en cabeza del Estado que justifique la contratación de esta póliza. En ese sentido, el vínculo entre el Estado, la salud animal y los riesgos asociados a los animales en condición de calle encuentra sustento en el deber constitucional de proteger y conservar el medio ambiente, así como en la obligación de prevenir

---

103 Posee interés asegurable toda persona cuyo patrimonio pueda verse comprometido, de manera directa o indirecta, ante la ocurrencia de un riesgo determinado. En consecuencia, es susceptible de aseguramiento cualquier interés que, además de ser lícito, pueda valorarse económicamente. (Decreto 410 de 1971, Art.1083, Col).

afectaciones a la vida, la salud y la integridad de los ciudadanos, reuniéndose, así, los requisitos esenciales del contrato de seguro.

Capítulo 4
Retos de las sociedades modernas y la protección contemporánea de los animales

Dedicado el capítulo anterior al seguro obligatorio para mascotas, es imperativo establecer algunas consideraciones importantes que se deben tener en cuenta a la hora de pensar en la viabilidad social y económica de esta idea. Por ello, el presente capítulo funcionará como una invitación a la discusión en la materia, en donde se encuentren posibles puntos a favor y en contra de las propuestas que se han esbozado a lo largo de todo el texto.

En un primer apartado se hablará de lo que se considera el objetivo principal; esto es, fomentar la tenencia responsable a través de la legislación nacional y la promulgación de políticas públicas como las planteadas y desarrolladas. En el segundo y tercer apartado se establecerán algunos desafíos que se deben superar tanto a nivel social como por parte del sector asegurador, para que las propuestas que se realizaron sean viables.

4.1. Tenencia responsable.

El objetivo de cada uno de los desarrollos normativos y dogmáticos que se han propuesto hasta el momento responde a una única premisa: fomentar la tenencia consciente y responsable de las personas que deciden incluir en sus familias un animal de compañía. Dentro de la labor investigativa realizada, se encontró que, en Colombia, factores como la negligencia o el cuidado inadecuado de los animales domésticos generan conflictos entre vecinos o incluso al interior de las familias, situación que se refleja en que aproximadamente el 40% de las personas han experimentado algún tipo de inconveniente con terceros a causa de sus mascotas (Hernández & Delgado, 2024).

La mayoría de estos conflictos no se producen simplemente debido a lo que algunas personas podrían considerar descuidos leves, sino por las consecuencias de esos descuidos, entre los que se encuentran mordeduras, daños a la propiedad privada y sensación de incomodidad constante. Este factor es determinante en las peleas entre los propios animales, escenario en el que se ocasionan graves perjuicios. En el estudio realizado por la aseguradora británica Direct Line Group (2017) analizado con anterioridad, se encuentra la siguiente conclusión:

> Los profesionales veterinarios señalan que las peleas entre perros se presentan principalmente cuando se les permite transitar sin correa en situaciones en las que ello no es adecuado (37%) y cuando los propietarios no ejercen un control efectivo sobre el animal (15%). Asimismo, identifican como factor relevante la ausencia de castración en machos (15%), dado que los niveles elevados de testosterona pueden propiciar conductas territoriales o agresivas. Otro elemento determinante es la falta de socialización con otros perros (14%).

Obsérvese cómo el 66 % de las peleas entre animales se producen por conductas que tienen que ver directamente con el dueño, quedando solo un 15 % por factores hormonales y el resto por causas menos representativas. Así las cosas, se ha establecido que, en el caso de los perros, estos pueden manifestar distintos tipos de agresividad, y los ataques suelen constituir expresiones conductuales influenciadas por factores de crianza y aprendizaje, que se desencadenan en función de las condiciones y estímulos del entorno proporcionado por el ser humano (Alfieri et al, 2013).

Lo anterior pone de relieve la necesidad de educar a los dueños[104] en la materia de tenencia responsable, pero también de fomentarla mediante mecanismos legislativos, apoyándose en los postulados constitucionales de bienestar animal, pues hasta la fecha los medios que se han utilizado para el cumplimiento de esta tarea son limitados.[105] Hasta el momento, los proyectos de ley presentados en Colombia en materia de protección y bienestar animal han surgido, en buena medida, como respuesta a la presión mediática y a la movilización de organizaciones civiles y sectores animalistas; sin embargo, su formulación no siempre ha estado acompañada de un análisis

104 En ese sentido, para promover una verdadera responsabilidad en la tenencia de animales, resulta esencial impulsar procesos permanentes de formación, tanto a través de mecanismos educativos formales como de estrategias informales, orientados a consolidar conductas éticas que fortalezcan la toma consciente de decisiones individuales con impacto social, partiendo de que la actividad humana —en cuanto susceptible de deliberación y juicio moral— es la única que puede ser objeto de reflexión ética. (Ruiz et al, 2016)

105 Aunque en Colombia el debate sobre protección y bienestar animal ha sido constante, no se ha estructurado de manera integral una política pública de tenencia responsable que permita hacer efectivos esos postulados respecto de los animales de compañía y de producción; en consecuencia, persisten vacíos en la normativa vigente en cuanto a la delimitación de competencias entre entidades e instituciones, así como frente a la definición clara de responsabilidades de la comunidad, especialmente en materias como la regulación del abandono, el manejo y albergue de los animales y la determinación de las sanciones aplicables cuando dicha conducta se comprueba. (Carreño, 2017)

riguroso de la distribución constitucional y legal de competencias entre las distintas entidades estatales, lo que ha generado vacíos respecto a cuál autoridad debe regular, vigilar y hacer cumplir dichas disposiciones, propiciando dificultades en su aplicación efectiva (Carreño, 2017).

El vacío de eficacia normativa que ya se había presentado abre las puertas a que se realicen propuestas como las que, al momento, se han realizado, pues es claro que la normatividad actual no funciona ni como mecanismo para garantizar la responsabilidad de los dueños ni como mecanismo para propiciar la tenencia responsable. En concordancia con lo anterior, no se puede perder de perspectiva el papel fundamental de los propietarios de animales de compañía en el camino hacia generar una cultura de responsabilidad. Las propuestas esbozadas hasta el momento son solo herramientas para ello, sobre todo con el propósito de fomentar la toma de conciencia y la protección del bienestar animal.

Desde una perspectiva de responsabilidad jurídica y ética, quien esté interesado en adquirir un animal de compañía debe evaluar previamente una serie de factores esenciales que le permitan asumir su rol de propietario de manera consciente. En este contexto, el bienestar animal constituye el punto de partida conceptual, para lo cual resulta indispensable considerar las denominadas “cinco libertades”: (i) que el animal esté libre de sed, hambre y desnutrición; (ii) que no padezca incomodidades derivadas de un entorno inadecuado, debiendo contar con un espacio que le proporcione protección; (iii) que se encuentre libre de dolor, lesiones o enfermedades; (iv) que pueda manifestar los comportamientos naturales propios de su especie; y (v) que no sea sometido a situaciones que le generen miedo o estrés. Estos criterios configuran parámetros mínimos de conducta exigibles a todo tenedor responsable (Sánchez et al, 2019).

Lo anterior es solo algunos parámetros fundamentales y básicos que debe seguir cualquier dueño responsable; sin embargo, no solo con esto se evita la ocurrencia de conflictos entre animales. Como se había señalado previamente, en el caso de los perros, la socialización y el correcto adiestramiento son esenciales para garantizar el bienestar del propietario, el bienestar del animal y el bienestar social, pues la falta de estos elementos es la principal causa de problemas de comportamiento y, en consecuencia, generadores de conflicto.[106]

---

[106] Una proporción significativa de los problemas conductuales en perros tiene origen en prácticas inadecuadas de los propios propietarios, derivadas del desconocimiento del lenguaje canino, la ausencia de herramientas apropiadas de adiestramiento y el uso incorrecto de implementos de manejo, como la correa. Una manifestación frecuente se presenta durante los paseos, cuando el animal, al encontrarse con otros perros, reacciona con gruñidos, tirones bruscos, ladridos o incluso intentos de mordida. En estos

En un estudio realizado en los Países Bajos se examinó a perros que mostraban comportamientos agresivos, lo que evidenció que el antecedente más frecuentemente referido como detonante de ataques rápidos y vigorosos sin señales previas fue haber sufrido previamente una agresión por parte de otro perro (36 casos, equivalentes al 24 % de los perros referidos). Con menor frecuencia se mencionaron como factores precipitantes la insuficiente socialización con otros tipos de perros durante el periodo de socialización primaria (21 casos, 14 %) y la manifestación de una tendencia general a la depredación de otras especies (9 casos, 6%) (Schilder et al., 2019).

El estudio presentado resulta fundamental para establecer sobre qué puntos se debe trabajar en cuanto al entrenamiento de perros. En primer lugar, encontramos los perros que muestran agresión por ataques previos; podemos decir que se trata de perros que desarrollan agresión por problemas conductuales de otros. La falta de socialización también parece ser un factor altamente incidente, por lo que esto se debe fortalecer en el adiestramiento.

Se precisa como momento idóneo para iniciar con este entrenamiento los primeros meses de vida. Durante esta etapa,

---

escenarios, la tensión emocional del guía suele transmitirse a través de la correa, generando señales contradictorias que incrementan el estrés del animal y refuerzan dichas respuestas conductuales inadecuadas. (Sánchez et al, 2019) los cachorros adquieren patrones esenciales de conducta social —como dinámicas de dominancia y sumisión— a través de la interacción con la madre y la camada, razón por la cual no deberían separarse antes de cumplir los dos meses de edad. Posteriormente, una vez integrados a su nuevo entorno familiar, es posible iniciar el proceso de formación básica, recomendándole comenzar el adiestramiento alrededor de las 9 o 10 semanas de vida; sin embargo, dicho proceso también puede implementarse en animales adultos desde el momento en que ingresan al hogar, atendiendo a criterios de adaptación y bienestar (Sánchez et al., 2019).

Además de esto, no se pasa por alto que parte de los ataques se debe a la tendencia depredadora de la especie, factor que debe combatirse con un adiestramiento más riguroso y frecuente. Así, las personas que buscan una mascota deben ser conscientes de la raza que están escogiendo, de si pueden suplir sus necesidades y de si pueden proporcionar las condiciones de entrenamiento necesarias para su adaptación social.[107]

La tenencia responsable se configura entonces como objetivo en la tenencia de mascotas, incluyendo varios factores

---

[107] La tenencia responsable de animales de compañía y de producción no se reduce a la mera posesión del animal, sino que supone un compromiso que trasciende el simple acto de tenerlo e implica, entre otros aspectos, conocer previamente qué tipo de animal se pretende incorporar como mascota y las condiciones que dicha decisión conlleva. (Carreño, 2017)

a tener en cuenta. Con el fin de fomentarla, es fundamental que coadyuven los tenedores de mascotas y el Estado, bajo propuestas como las que se han presentado hasta el momento.

4.2. Moda animal y discriminación

Como es bien sabido, las sociedades se encuentran en constante evolución, ya sea por razones religiosas, políticas o por tendencias sociales, comúnmente denominadas "modas", las cuales generan diferentes conflictos y tensiones entre los ciudadanos. Por tal razón, surge como obligación del Estado intervenir en aquellos escenarios en los que se presentan situaciones discriminatorias o vulneraciones de derechos, no solo en el ámbito individual, sino también en el colectivo.

Como lo indica Martínez Barreiro (1996) con el surgimiento de la sociedad de consumo, en las ciencias sociales se consolidó la idea de una progresiva estandarización de los estilos de vida. A medida que este enfoque se fue afianzando, disminuyó la atención hacia fenómenos que, como la moda, implican escenarios de marcada diferenciación social y cultural.

En el caso de los animales, esta "moda" puede entenderse como su incorporación efectiva al hogar y su reconocimiento como integrantes de la familia,[108] lo cual es el

---

[108] Puede observarse que la familia no es una institución estática, sino que se encuentra en constante transformación. Su estructura no permanece rígida, pues posee una naturaleza dinámica y susceptible de cambio. En este proceso han salido a la luz realidades que, durante mucho tiempo, permanecieron invisibilizadas; la mujer ha

resultado de una larga evolución histórica. En la antigüedad, la relación humano-animal se inició con los procesos de domesticación; por ejemplo, en el antiguo Egipto los gatos tenían un valor simbólico y ritual. En esta etapa predomina una relación basada principalmente en la función económica, religiosa y laboral del animal.

Durante la Edad Media, los animales también representaban un símbolo de estatus social; de esta manera, los perros eran adquiridos principalmente por la nobleza europea y los caballos constituían un símbolo de prestigio, iniciando así una dimensión más estética y social en la relación con los animales (Molina, 2016).

Posteriormente, entre los siglos XVIII y XIX, con el desarrollo de la Revolución Industrial, la urbanización de las principales ciudades trajo consigo una disminución del uso de los animales como fuerza de trabajo en los hogares. En esa época se crearon las primeras asociaciones de protección animal y comenzó a consolidarse la idea del animal como compañero del ser humano. Este periodo puede considerarse el inicio de la concepción moderna del animal doméstico.

En el siglo XX, una vez finalizada la II Guerra Mundial, el aumento del poder adquisitivo en diversas sociedades

---

alzado su voz, ha luchado por el reconocimiento de sus derechos y se han cuestionado los esquemas tradicionales basados en el dualismo hombre-mujer (Gutiérrez et al., 2021).

europeas impulsó el crecimiento de industrias relacionadas con los animales, tales como la alimentación especializada, los servicios veterinarios y la comercialización de accesorios, consolidándose así el mercado veterinario especializado.

Desde el año 2000, los animales han pasado a ser considerados miembros de la familia en numerosos contextos sociales (Díaz, 2015). Paralelamente, fenómenos como la reducción de la natalidad en muchos países han contribuido al incremento de la tenencia de mascotas. En consecuencia, han surgido nuevos productos y servicios orientados al cuidado animal, como guarderías, peluquerías y servicios especializados.

En este contexto, el animal ha experimentado una transformación significativa: pasó de ser considerado una herramienta de trabajo, luego un símbolo de estatus o compañía, hasta ser reconocido como integrante de la familia. Actualmente, nos encontramos en una etapa de institucionalización y transformación de las bases jurídicas que regulan la relación humano-animal, acompañada de un creciente desarrollo económico asociado a este vínculo, lo que explica el aumento de productos, servicios, seguros y regulaciones orientadas al bienestar animal.

La evolución de la relación humano-animal puede entenderse como un proceso progresivo de reconocimiento normativo y ampliación de su protección jurídica. No obstante, los animales continúan siendo jurídicamente considerados bienes en diversos ámbitos del derecho civil, aunque su regulación incorpora cada vez más límites derivados de su condición de seres sintientes.

Desde hace aproximadamente setenta años, la filosofía moral contemporánea ha desarrollado el concepto de especismo,[109] término que, según Singer (1975) hace referencia al trato o consideración injustamente desfavorable hacia quienes no pertenecen a una determinada especie, basándose en criterios ajenos a sus capacidades individuales.

En este sentido, la preferencia social por determinados animales —como perros o gatos de ciertas razas—, genera una valoración desigual entre especies o incluso entre individuos de una misma especie. Mientras algunos animales reciben mayores niveles de protección, cuidado y recursos, otros —como ocurre con los animales criollos o aquellos en condición de calle— suelen ser ignorados, marginados o abandonados.

---

109 El movimiento animalista cuestiona el especismo al entenderlo como una forma mediante la cual se ha construido la idea del "Hombre" moderno, a partir del dominio y trato desigual hacia los seres sintientes que no pertenecen a la especie *Homo sapiens.* En América Latina, este movimiento comenzó a consolidarse y expandirse, principalmente, desde la primera década del siglo XXI, impulsado por diversas redes de activistas y organizaciones que articulan acciones colectivas orientadas a promover cambios frente a las prácticas especializadas presentes en los ámbitos sociales, culturales y económicos. (Méndez, 2020)

Esta práctica, ampliamente extendida en diversos contextos sociales, entra en tensión con los principios de cuidado y bienestar animal establecidos en la Ley 1774 de 2016, norma que reconoce a los animales como seres sintientes y establece el deber de evitarles tratos crueles o injustificados; en este sentido, podría entenderse que tales prácticas constituyen una forma indirecta de discriminación[110] hacia aquellos animales que no pertenecen a las razas consideradas socialmente "deseables".

Asimismo, la llamada "moda animal", particularmente en lo relacionado con la comercialización de determinadas razas de perros y gatos, promueve la preferencia por características estéticas específicas. Tal situación se evidencia, por ejemplo, en las razas braquicéfalas u otras con rasgos físicos particulares, lo que puede generar problemáticas adicionales, tales como el abandono de animales cuando dejan de ser tendencia, la explotación reproductiva con fines

---

[110] En el contexto del proceso orientado a lograr una igualdad real entre mujeres y hombres, resulta fundamental examinar aquellas medidas que, aunque aparenten ser neutrales, generan efectos discriminatorios sobre las mujeres. Si bien dichas disposiciones no siempre se diseñan con una intención discriminatoria, se aplican dentro de un contexto social específico que puede producir impactos diferenciados. Por ello, es esencial analizar sus resultados concretos, especialmente cuando estos han afectado de manera cuantitativa y cualitativa en mayor medida al sexo femenino. (Calabuig, 2013)

comerciales o la generación de afectaciones a la salud de los animales.

Esta situación contrasta con la obligación constitucional del Estado y de la sociedad de proteger la integridad y el bienestar animal, deber que ha sido reconocido y desarrollado por la jurisprudencia de la Corte Constitucional colombiana. De igual manera, pueden identificarse otras formas indirectas de discriminación social relacionadas con los animales. En algunos contextos se ha asociado la tenencia de determinadas razas con un estatus económico o social específico, generando la percepción de que ciertos animales solo pueden convivir en determinados sectores sociales (Luna, 2019). Un ejemplo de ello se observa en los llamados perros de manejo especial, los cuales han sido estigmatizados en razón de su presunta peligrosidad. En estos casos, el propio concepto de "animal peligroso", establecido en la legislación, ha generado debates e incertidumbres en torno a su alcance.

Estas circunstancias han dado lugar a regulaciones específicas, como las contenidas en la Ley 746 de 2002 y, posteriormente, en la Ley 1801 de 2016, que establece normas sobre la tenencia y el manejo de estos animales. En consecuencia, la denominada "moda animal" puede interpretarse como una forma de discriminación en la medida en que genera tratamientos diferenciados hacia los animales basados en su especie, raza, apariencia o condición, lo que puede afectar su bienestar y producir consecuencias tanto sociales como jurídicas. En este contexto, resulta necesario superar estas prácticas mediante la aplicación de principios como la igual consideración del bienestar animal, la solidaridad y la protección del medio ambiente.

4.3. Obstáculos del mercado asegurador

No deben omitirse, dentro de las cuestiones a considerar, los obstáculos propios que plantea el mercado asegurador para la implementación de pólizas obligatorias, especialmente cuando éstas pretenden incluir amparos necesarios. En relación con lo anterior, resulta relevante el artículo 333 de la Constitución Política, el cual consagra la libertad de empresa y de iniciativa privada, elementos esenciales para el ejercicio de la actividad aseguradora.[111]

De este principio se deriva la libertad de las aseguradoras para seleccionar los ramos que comercializan y los riesgos que deciden asumir en cada una de sus pólizas, pues este mandato opera como un mecanismo que contribuye a

[111] El artículo 333 de la Constitución señala que la actividad económica y la iniciativa privada pueden ejercerse libremente, siempre que respeten el interés general. Para desarrollarlas, nadie está obligado a cumplir requisitos o trámites previos, salvo que la ley lo disponga. El derecho a la libre competencia pertenece a todos y conlleva deberes y responsabilidades. (Constitución Política de Colombia, 1991)

garantizar la sostenibilidad del mercado.[112] Asimismo, es importante tener presente que la actividad aseguradora no pierde su carácter lucrativo. Aunque el mercado asegurador se encuentra sometido a control estatal debido a su importancia social, forma parte del sector privado y uno de sus objetivos principales es la obtención de beneficios económicos.

Si bien esta perspectiva ha experimentado ciertos cambios con la implementación de seguros obligatorios —como el Seguro Obligatorio de Accidentes de Tránsito—, que buscan promover un beneficio social y han incrementado la relevancia del sector asegurador, este propósito social no constituye el objetivo principal de las aseguradoras.[113]

En este contexto, propuestas como las planteadas, de ser ejecutadas de manera inadecuada, podrían generar

---

[112] El artículo 1056 del Código de Comercio establece que el asegurador puede asumir los riesgos a los que están expuestas las cosas a su arbitrio. En concordancia con esto, la Circular Externa 029 de 2014 de la Superintendencia Financiera indica que corresponde a la SFC autorizar los ramos que operan las aseguradoras cuando ellas presenten solicitud para ello; es decir, no se les puede imponer la comercialización de un ramo en específico.

[113] Las compañías de seguros se crearon con el propósito de reducir el impacto económico negativo derivado de eventos imprevistos. Para ello, emiten contratos, conocidos como pólizas, mediante los cuales se comprometen a indemnizar al beneficiario con una suma previamente determinada —igual o inferior al valor de la pérdida económica— en caso de que el riesgo cubierto se materialice durante el período de vigencia del contrato. (Medrano, 2020)

consecuencias negativas para el mercado, como el retiro de algunas aseguradoras del ramo o la decisión de no comercializar este tipo de productos. Por ello, resulta fundamental estructurar una política pública que permita la viabilidad económica del seguro propuesto, garantizando que la actividad resulte rentable para las aseguradoras. Para lograrlo, es indispensable realizar una adecuada evaluación de los riesgos y de las primas que deberán establecerse en cada caso, lo cual permitirá a las compañías aseguradoras adoptar el ramo de manera eficiente.

Finalmente, una vez implementado el ramo asegurador, será necesario realizar evaluaciones periódicas sobre sus efectos en la actividad económica del sector, con el propósito de ajustar las primas, revisar las condiciones del mercado y adoptar medidas que permitan integrar de manera equilibrada al sector asegurador dentro de la política pública. En resumen, los desafíos que afrontan las sociedades actuales en relación con la protección animal ponen de manifiesto la necesidad de implementar enfoques integrales que articulen las dimensiones sociales, jurídicas y económicas.

Sin embargo, este proceso de transformación también ha evidenciado distintos desafíos. Por una parte, la tenencia responsable se configura como un aspecto fundamental para asegurar tanto el bienestar de los animales como una adecuada convivencia social. Los estudios revisados indican que una proporción importante de los conflictos relacionados con los animales de compañía se asocia a prácticas inapropiadas por parte de sus dueños, lo que pone de manifiesto la necesidad de reforzar las estrategias educativas, culturales y normativas dirigidas a promover una mayor responsabilidad en su cuidado.

Asimismo, el estudio del mercado asegurador muestra que toda iniciativa normativa dirigida a establecer seguros obligatorios para animales de compañía debe tener en cuenta de manera cuidadosa las condiciones económicas del sector. La libertad de empresa consagrada en la Constitución Política de Colombia de 1991 supone que la sostenibilidad del mercado asegurador es un factor clave para la viabilidad de este tipo de medidas.

Por ello, la formulación de políticas públicas en este ámbito requiere un diseño técnico apropiado que permita armonizar el interés social en la protección animal con la rentabilidad necesaria para la participación efectiva de las compañías aseguradoras. En este contexto, las propuestas formuladas no deben asumirse como respuestas definitivas, sino como puntos de partida para el debate doctrinal y legislativo en torno a nuevas alternativas para fortalecer la protección animal en Colombia. La consolidación de un modelo efectivo demandará la participación articulada del Estado, el sector asegurador y la sociedad civil, así como el fortalecimiento de una cultura jurídica y social sustentada en la responsabilidad, la solidaridad y el respeto hacia los animales.

Conclusiones

En el desarrollo del presente trabajo se evidencia que las relaciones entre los seres humanos y los animales han evolucionado en las sociedades actuales, pasando de una relación basada principalmente en la explotación, a una en la que los animales de compañía son considerados integrantes del núcleo familiar. Esta cercanía genera vínculos emocionales y afectivos significativos, lo que implica responsabilidades económicas, éticas y sociales, así como consecuencias jurídicas que el derecho y los Estados deben reconocer, abordar y regular de manera adecuada.

En este contexto, el análisis del mercado asegurador relacionado con los animales de compañía permite identificar diversas situaciones que ponen de manifiesto vacíos frente a los mandatos constitucionales y legales. Aunque el aumento de animales de compañía en los hogares incrementa los riesgos derivados de su tenencia y convivencia con las personas, el ordenamiento jurídico colombiano aún presenta importantes vacíos en relación con el desarrollo del mercado asegurador, especialmente en lo referente a la prevención de daños y a la existencia de mecanismos efectivos de indemnización. La ausencia de productos aseguradores suficientemente desarrollados limita tanto la protección de los propietarios de animales como la de los terceros que, eventualmente, puedan verse afectados por los daños que estos ocasionen.

Por otra parte, el régimen de responsabilidad civil aplicable a los animales demuestra que la legislación vigente establece herramientas que permiten atribuir responsabilidad a los propietarios o tenedores. Sin embargo, en la práctica, no siempre resulta sencillo garantizar la indemnización efectiva por los daños causados, lo que genera una brecha entre el reconocimiento jurídico del daño y la posibilidad real de su reparación.

Asimismo, el análisis del mercado asegurador permite evidenciar diversas limitaciones relacionadas con el desarrollo de pólizas que cubran de manera eficiente e integral los riesgos asociados a los animales de compañía. Entre estas se encuentran la libertad empresarial de las aseguradoras para asumir determinados riesgos, la necesidad de garantizar la rentabilidad del sector y la exigencia de diseñar productos técnica y financieramente sostenibles. Por esta razón, cualquier tipo de regulación en esta materia debe partir del diseño de políticas públicas que logren armonizar los objetivos de protección social con las dinámicas propias del sector asegurador.

Con base en lo anterior, se propone la creación de un modelo de seguro independiente y autónomo destinado a cubrir los riesgos relacionados con los animales de compañía, mediante un esquema de aseguramiento mixto que incluya coberturas en materia de salud, responsabilidad civil y bienestar animal. Esta propuesta no solo busca proteger a las personas que puedan verse afectadas por los daños causados por los animales, sino también promover prácticas de tenencia responsable y fortalecer las políticas públicas orientadas a la protección animal.

Se plantea la posibilidad de que el Estado intervenga en el sector asegurador mediante la creación de mecanismos que faciliten el acceso a este tipo de seguros. Entre las propuestas formuladas se encuentra el establecimiento de una póliza estatal obligatoria, acompañada de esquemas de subsidio, especialmente dirigidos a aquellos sectores sociales en los que las condiciones económicas de los propietarios puedan dificultar la contratación de estos productos. De esta manera, la articulación entre el sector público y el sector privado podría contribuir a ampliar la cobertura del sistema y permitir que un mayor número de personas se beneficie de estos mecanismos de protección.

En este sentido, el desarrollo de seguros para animales de compañía no debe entenderse únicamente como un asunto propio del mercado; también constituye una herramienta relevante de política pública, capaz de contribuir a mejorar la convivencia social, fortalecer la protección de los animales y garantizar mecanismos más efectivos para la reparación de los daños que puedan generarse. Desde esta perspectiva, el fortalecimiento del marco jurídico y del sistema asegurador representa una oportunidad para equilibrar los intereses de los propietarios, las aseguradoras, el Estado y la sociedad en general, dentro de una visión más amplia basada en la responsabilidad, el bienestar animal y la adecuada gestión del riesgo.

En consecuencia, resulta fundamental avanzar en el fortalecimiento de instrumentos normativos y políticas públicas orientadas a promover la tenencia responsable y a prevenir los conflictos relacionados con los animales de compañía. Solo mediante un enfoque integral que combine regulación jurídica, educación social y sostenibilidad económica, será posible construir formas de convivencia más equilibradas y respetuosas entre los seres humanos y los animales en las sociedades contemporáneas.

En definitiva, el desarrollo de instrumentos aseguradores adecuados para los animales de compañía representa un paso importante hacia la construcción de sistemas jurídicos que respondan de mejor manera a las transformaciones sociales actuales, en los que la protección de los animales, la responsabilidad de sus propietarios y la garantía de reparación de los daños puedan integrarse de forma equilibrada dentro de las políticas públicas y del funcionamiento del mercado asegurador.

Referencias

Acero-Plazas, V. M., Gil Tibocha, D. M., Gutiérrez Vélez, E., & Porto Peralta, G. F. (2014). Salud pública, responsabilidad social de la medicina veterinaria y la tenencia responsable de mascotas: una reflexión necesaria. REDVET. Revista Electrónica de Veterinaria, 15(5), 1–18. https://www.researchgate.net/profile/Victor-Acero-

Plazas/publication/334806331_Salud_publica_responsabilidad_social_de_la_medicina_veterinaria_y_la_tenencia_responsable_de_mascotas_una_reflexion_necesaria/links/5d419adb92851cd04696bcae/Salud-publica-responsabilidad-social-de-la-medicina-veterinaria-y-la-tenencia-responsable-de-mascotas-una-reflexion-necesaria.pdf

Agencia de Seguros Mezza. (2023, 11 de mayo). Historia de los seguros: recorrido por su evolución. https://mezza.com.co/historia-de-los-seguros-recorrido-por/

Alfieri, A., Marro, A., Seghesso, A., Schiaffino, L., Bin, L., & Pirles, M. (2013). Mordeduras de perros a personas: un problema de bienestar animal y de salud pública. REDVET. Revista Electrónica de Veterinaria, 14(11B), 1–6. https://www.redalyc.org/pdf/636/63632393011.pdf

Anahí Méndez (2020). América Latina: movimiento animalista y luchas contra el especismo. NUEVA SOCIEDAD, 45-57. https://www.academica.org/anahi.mendez/90.pdf

Animal Friends. (2019, 11 de septiembre). The importance of public liability cover for pets. https://www.animalfriends.co.uk/dog/dog-blog/public-liability-pets/

Aponte Rincón, X. A. y Ardila Galindo, L. M. (2015). Responsabilidad patrimonial del Estado por falla en el servicio de justicia. https://repository.ugc.edu.co/server/api/core/bitstreams/4c626fa3-951c-4145-beea-899e8f457524/content

Arandia, L. (2024, septiembre). Incremento de mascotas en Colombia, el nuevo foco de conflictos vecinales. Universidad Externado de Colombia. https://conexion.uexternado.edu.co/incremento-de-mascotas-en-colombia-el-nuevo-foco-de-conflictos-vecinales/

Aristizábal Villa, J. (2000). Aproximación al marco jurídico de la libertad económica en Colombia. Estudios Gerenciales, 16(77), 83-90. Retrieved February 27, 2026, from http://www.scielo.org.co/scielo.php?script=sci_arttext&pid=S0123-59232000000400006&lng=en&tlng=es.

Armenta Ariza, A. M. (2008). El régimen de la responsabilidad patrimonial del Estado en Colombia: el título jurídico de la imputación. https://www.redalyc.org/pdf/2739/273920944007.pdf.

Arregui Montoya, R. (2024). Animal Protection in Comparative Law: An International View of Animal Abuse. Revista Internacional de Doctrina y Jurisprudencia, volumen 31, julio de 2024. https://dialnet.unirioja.es/servlet/articulo?codigo=9775993.

Asamblea Nacional Constituyente. (1991). Constitución Política de Colombia. http://www.secretariasenado.gov.co/senado/basedoc/constitucion_politica_1991.html

Aseguradora Solidaria de Colombia. (2010). Seguro de mascotas. https://seguros.likesolidaria.com.co/mascotas/

Asociación Española de la Industria y el Comercio del Sector del Animal de Compañía (AEDPAC). (2025). El sector del animal de compañía, en cifras. https://www.aedpac.com/es/la-asociacion/sector-del-animal-de-compania-cifras-5/index.htm

Átala, C. A. (2002). Derecho de la Seguridad Social, 2.ª ed. (Buenos Aires: Editorial Astrea, 2002). https://www.derecho.uba.ar/publicaciones/lye/revistas/33/derecho-de-la-seguridad-social.pdf

Atehortúa, S., & Palacio, L. (2015). Impacto del seguro subsidiado en el acceso y el uso de servicios de salud: el caso de Medellín, Colombia. Lecturas de Economía, (82), 159-188. Retrieved March 2, 2026, from http://www.scielo.org.co/scielo.php?script=sci_arttext&pid=S0120-25962015000100005&lng=en&tlng=es.

Bancolombia. (2021). Mercado de mascotas en Colombia: crecimiento durante 2021. https://www.bancolombia.com/negocios/actualizate/tendencias/mercado-mascotas-2021

Barina-Silvestri, M., Díaz-Videla, M., y Delgado-Rodríguez, R. (2024). Pet parenting: A systematic review of its characteristics and effects on companion dogs. Journal of Veterinary Behavior, volumen 76, noviembre–diciembre 2024, páginas 13–24. https://doi.org/10.1016/j.jveb.2024.09.003

Barnes, C., Llera, R., & Buzhardt, L. (2026). Why does my veterinarian charge so much? VCA Animal Hospitals. https://vcahospitals.com/know-your-pet/why-does-my-veterinarian-charge-so-much

Bernal, T. L. B. (2014). Foro: tenencia responsable de mascotas. Revista Colombiana de Ciencia Animal, 2(1). Recuperado a partir de https://revistas.ut.edu.co/index.php/cienciaanimal/article/view/167

Blackwell, E. J., Bradshaw, J. W. S., & Casey, R. A. (2013). Fear responses to noises in domestic dogs: prevalence, risk factors and co-occurrence with other fear-related behaviour. Applied Animal Behaviour Science, 145(1–2), 15–25. https://doi.org/10.1016/j.applanim.2012.12.004

Bowers, N., H. Gerber, J. Hickman, D. Jones & C. Nesbitt (1997), Actuarial Mathematics, segunda edición, Schaumbury, The Society of Actuaries. https://iris.unil.ch/entities/publication/4ef20b56-3c02-4074-8e22-43389c255306

Bravo Burbano, Á. C. (2023, 25 de octubre). ¿Qué implica el reconocimiento de un animal como miembro de una familia? Ámbito Jurídico. https://www.ambitojuridico.com/noticias/analisis/que-implica-el-reconocimiento-de-un-animal-como-miembro-de-una-familia

Bravo Reyes, J. H. (2006). Crecimiento y desarrollo del sector asegurador, frente a la evolución cultural de las empresas de familia. Revista Equidad y Desarrollo N" 5: 141-151, enero-junio 2006. https://dialnet.unirioja.es/servlet/articulo?codigo=5166456

Bravo Reyes, J. H. (2008). Crecimiento y desarrollo del sector asegurador frente a la evolución cultural de las empresas de familia. Revista Equidad y Desarrollo, N.º 5, 141–151, enero-junio 2006. https://www.redalyc.org/pdf/957/95779198011.pdf

Bravo Reyes, J. H. & Fernández Molano, N. A. (2011) "Una mirada histórica sobre los seguros y sus inicios en Colombia," Gestión y Sociedad: No. 2, Article 11. Disponible en: https://revistas.lasalle.edu.co/files-articles/gs/vol4/iss2/11/fulltext.pdf

Caballero Sánchez, E. (1974). La prevención y el seguro. IV Congreso A.I.D.A.

Calabuig Puig, M. A. (2013). Sobre la concreción del concepto de discriminación indirecta: un análisis a propósito del trabajo a tiempo parcial y el cálculo de pensiones. https://dialnet.unirioja.es/servlet/articulo?codigo=4773009

Calmon de Passos, P. N. (2009). La conferencia de Estocolmo como punto de partida para la protección internacional del medio ambiente. Revista Derechos Fundamentales y Democracia, vol. 6. https://revistaeletronicardfd.unibrasil.com.br/index.php/rdfd/article/view/18/17.

Carmona Cardona, Y. M., Carmona Cardona, J. A. & Bolívar Bustamante, C. (2014). Importancia de la póliza de mascotas en Colombia en relación con el derecho comparado. Nuevo Derecho [en línea]. 2014, 10(14), 85-96 [fecha de consulta 27 de enero de 2026]. ISSN: 2011-

4540. Disponible en: https://www.redalyc.org/pdf/6697/669770725008.pdf

Carmona Cuenca, E. (1994). El principio de igualdad material en la jurisprudencia del Tribunal Constitucional. Revista de Estudios Políticos. https://recyt.fecyt.es/index.php/RevEsPol/article/view/46902/28382

Carreño Buitrago, L. A. (2017). Lineamientos para la política de tenencia responsable de animales de compañía y de producción. Ministerio de Salud y Protección Social. https://www.minsalud.gov.co/sites/rid/Lists/BibliotecaDigital/RIDE/VS/PP/SA/lineamientos-tenencia-responsables-acy.pdf.

Ceballos Molano, R. (2002). La responsabilidad civil automovilística, su aseguramiento obligatorio y voluntario: Un estudio en el derecho colombiano y español (Tesis doctoral, Universidad Carlos III de Madrid, Departamento de Derecho Privado). Universidad Carlos III de Madrid. https://dialnet.unirioja.es/servlet/articulo?codigo=5006431

César G. Lizarazo, Javier M. Fajardo, Shirley Berrio, Leonardo Quintana. (2010). Breve historia de la salud ocupacional en Colombia.

https://www.researchgate.net/profile/Cesar-Lizarazo/publication/228637429_Breve_historia_de_la_salud_ocupacional_en_Colombia/links/0c960515c8b20f26420000

Clemente-Ricolfe, J.-S., & González-Navarro, S. (2020). Emotions and reactions regarding use of cemeteries/crematoriums following loss of a companion animal in Spain. Society and Animals, 40(9), 1–22. https://doi.org/10.1163/15685306-BJA10014

Colombia. Ministerio de Salud y Protección Social. (2017). Vigilancia integrada de la rabia humana, Colombia 2017. Informe de evento vigilancia integrada de la rabia humana, Colombia, año 2017. En: https://www.ins.gov.co/buscador-eventos/Informesdeevento/VIGILANCIA%20INTEGRADA%20DE%20LA%20RABIA%20HUMANA%202017.pdf

Consejo de Bogotá D.C. (2025, 3 de octubre). Plenaria del Consejo adelantó foro sobre tenencia responsable y prevención del maltrato animal. https://concejodebogota.gov.co/plenaria-del-consejo-adelanto-foro-sobre-tenencia-responsable-y/cbogota/2025-10-03/212622.php

Condo & Truyenque, M. (2023). La familia multiespecie: protección de los animales de compañía desde la protección de los derechos humanos. Yacha Q: Revista de Derecho, (14), 227–238. https://doi.org/10.51343/yq.vi14.1071

Congreso de la República de Colombia. (1971). Código de Comercio (Decreto 410 de 1971). Diario Oficial No. 33.339. Bogotá, Colombia. http://www.secretariasenado.gov.co/senado/basedoc/codigo_comercio_pr032.html

Congreso de la República de Colombia. (1973). Por la cual se conceden facultades extraordinarias al presidente de la República para expedir el Código de Recursos Naturales y la protección al medio ambiente y se dictan otras disposiciones. (Ley 23 de 1973). Diario Oficial S.F. https://www.minambiente.gov.co/wp-content/uploads/2021/08/ley-23-1973.pdf

Congreso de la República de Colombia. (1990). Por la cual se reorganiza el Sistema Nacional de Salud y se dictan otras disposiciones. (Ley 10 de 1990). Diario Oficial 39137. https://www.funcionpublica.gov.co/eva/gestornormativo/norma.php?i=3421

Congreso de la República de Colombia. (2002). Ley 746 de 2002.

https://www.funcionpublica.gov.co/eva/gestornormativo/norma.php?i=5515

Congreso de la República de Colombia. (2008). Ley 1259 de 2008, por medio de la cual se instaura en el territorio nacional la aplicación del comparendo ambiental a los infractores de las normas de aseo, limpieza y recolección de escombros, y se dictan otras disposiciones. https://www.funcionpublica.gov.co/eva/gestornormativo/norma.php?i=34388

Congreso de la República de Colombia. (2016). Ley 1774 de 2016, por medio de la cual se modifican el Código Civil, la Ley 84 de 1989 y el Código Penal, y se dictan otras disposiciones sobre la protección de los animales. https://www.funcionpublica.gov.co/eva/gestornormativo/norma.php?i=68135

Congreso de la República de Colombia. (2016). Ley 1801 de 2016. http://www.secretariasenado.gov.co/senado/basedoc/ley_1801_2016.html

Congreso de la República de Colombia. (2020). Ley 2054 de 2020, por medio de la cual se modifica la Ley 1801 de 2016 y se dictan otras disposiciones en materia de bienestar animal.

https://www.secretariasenado.gov.co/senado/basedoc/ley_2054_2020.html

Congreso de la República de Colombia. (2025). Ley 2455 de 2025, por la cual se fortalece la lucha contra el maltrato animal y se actualiza el Estatuto Nacional de Protección de los Animales (Ley 84 de 1989) – "Ley Ángel". https://www.secretariasenado.gov.co/senado/basedoc/ley_2455_2025.html

Congreso de la República de Colombia. (2025). Ley 2480 de 2025, por medio de la cual se regulan los servicios de cuidado para animales de compañía, se protegen los derechos de los usuarios y se dictan otras disposiciones ("Ley Kiara"). https://www.secretariasenado.gov.co/senado/basedoc/ley_2480_2025.html

Congreso de los Estados Unidos de Colombia. (1873). Código Civil de la Unión. Ley 84 de 1873. http://www.secretariasenado.gov.co/senado/basedoc/codigo_civil.html

Consejo de Estado de Colombia. (2002, 2 de marzo). Sentencia radicado 11945, M. E. Giraldo Gómez. https://vlex.com.co/vid/52584917

Consejo de Estado de Colombia. (2007, 31 de mayo). Sentencia radicada 76001-23-25-000-1996-02792-01 (16898), E. Gil

Botero. https://www.consejodeestado.gov.co/documentos/boletines/PDF/76001-23-25-000-1996-02792-01(16898).pdf

Consejo de Estado de Colombia. (2007, 4 de octubre). Sentencia radicado 15567, E. Gil Botero. https://www.consejodeestado.gov.co/documentos/boletines/PDF/05001-23-31-000-1991-00789-01(15567).pdf

Consejo de Estado. (2012, 24 de abril). Concepto 11001-03-06-000-2011-00087-00 (2082). Sala de Consulta y Servicio Civil. Cooney, K., & Kipperman, B. (2023). Ethical and practical considerations associated with companion animal euthanasia. Animals, 13(3), 430. https://pmc.ncbi.nlm.nih.gov/articles/PMC9913502/

Corte Constitucional de Colombia. (1999, 28 de abril). Sentencia C-269 de 1999. https://www.corteconstitucional.gov.co/relatoria/1999/C-269-99.htm

Corte Constitucional de Colombia. (2001, 10 de octubre). Sentencia C-1064 de 2001, M.J. Cepeda Espinosa. J. Córdoba Triviño.https://www.funcionpublica.gov.co/eva/gestornormativo/norma.php?i=4417

Corte Constitucional de Colombia. (2011, 12 de agosto). Sentencia T-608 de 2011, MP. J. C. Henao Pérez.

https://www.corteconstitucional.gov.co/relatoria/2011/t-608-11.htm

Corte Constitucional de Colombia. (2017, 15 de mayo). Sentencia T-325 de 2017, MP. A. Arrieta Gómez. https://www.corteconstitucional.gov.co/relatoria/2017/t-325-17.htm

Corte Constitucional de Colombia. (2018, 07 de junio). Sentencia T-059 de 2018, MP. J. F. Reyes Cuartas. https://www.corteconstitucional.gov.co/relatoria/2018/c-059-18.htm

Corte Constitucional de Colombia. (2018). Sentencia C-111 de 2018. https://www.corteconstitucional.gov.co/relatoria/2018/C-111-18.htm

Corte Constitucional de Colombia. (2024, 11 de julio). Sentencia C-280 de 2024, MP. A. J. Lizarazo Ocampo. https://www.corteconstitucional.gov.co/relatoria/2024/c-280-24.htm

Corte Constitucional de Colombia. (2024, 7 de noviembre). Sentencia C-468 de 2024, D. Fajardo Rivera. https://www.corteconstitucional.gov.co/relatoria/2024/c-468-24.htm

Corte Constitucional de Colombia. (2025). Sentencia C-332 de 2025.

https://www.corteconstitucional.gov.co/relatoria/2025/C-332-25.htm

Corte Constitucional. (2009). Sentencia C-409 de 2009. https://www.corteconstitucional.gov.co/relatoria/2009/c-409-09.htm

Corte Constitucional. (2011). Sentencia T-129 de 2011. Magistrado ponente: Jorge Iván Palacio Palacio. https://www.corteconstitucional.gov.co/relatoria/2011/t-129-11.htm

Corte Constitucional. (2016, 31 de agosto). Sentencia C-467 de 2016. https://www.corteconstitucional.gov.co/relatoria/2016/c-467-16.htm

Corte Constitucional. (2018). Sentencia C-058 de 2018. Magistrado ponente: Alejandro Linares Cantillo. Corte Constitucional de Colombia. https://www.corteconstitucional.gov.co/relatoria/2018/c-058-18.htm

Corte Constitucional. (2023, 5 de mayo). Sentencia T-142 de 2023. https://www.corteconstitucional.gov.co/relatoria/2023/t-142-23.htm

Corte Constitucional. (2024). Sentencia T-391 de 2024. https://www.corteconstitucional.gov.co/relatoria/2024/t-391-24.htm

Corte Suprema de Justicia de Colombia. (2019, 31 de julio). Sentencia STC-10180-2019 (Rad. 11001-02-03-000-2019-02238-00). Sala de Casación Civil. https://www.ramajudicial.gov.co/documents/5857001/62977685/19001310300120170015701.pdf

Corte Suprema de Justicia, Sala de Casación Civil. (2025). Sentencia SC-072 de 2025. https://www.alcaldiabogota.gov.co/sisjur/normas/Norma1.jsp?i=181333&dt=S

Cuse Quispe, J. (2026). Análisis comparativo de la normativa sobre protección de los derechos de los animales en el ordenamiento jurídico del Perú y de Suiza, 2024. Revista InveCom, 6(3), e603074. Epub 15 de diciembre de 2025. https://doi.org/10.5281/zenodo.17594369

Decreto 1032 de 1991(18 de abril de 1991). Por el cual se regula integralmente el seguro obligatorio de daños corporales causados a las personas en accidentes de tránsito. Diario Oficial No. 39.802. http://www.secretariasenado.gov.co/senado/basedoc/decreto_1032_1991.html

Decreto-Ley 1295 de 1994. (1994, 22 de junio). Por el cual se determina la organización y administración del Sistema General de Riesgos Profesionales. Diario Oficial No. 41.405 del 24 de junio de 1994. https://www.secretariasenado.gov.co/senado/basedoc/decreto_1295_1994.html

Defensoría del Pueblo de Colombia. (2016). Según la Defensoría, cada hora ocurren dos ataques de perros en Bogotá. https://www.defensoria.gov.co/-/seg%C3%BAn-la-defensor%C3%ADa-cada-hora-ocurren-dos-ataques-de-perros-en-bogot%C3%A1-1

Deutsche Welle. (2021, 12 de mayo). Nueva legislación en el Reino Unido busca reconocer a los animales como seres sensitivos. https://www.dw.com/es/nueva-legislación-en-el-reino-unido-busca-reconocer-a-los-animales-como-seres-sensitivos/a-57511141

Díaz Videla, M. (2015). El miembro no humano de la familia: las mascotas a través del ciclo vital familiar. Revista Ciencia Animal, (9), 83–98. https://institutoiaz.com/public_html/wp-content/uploads/Publicaciones/El-miembro-no-humano-de-la-familia.pdf

Díaz Videla, M. (2017). ¿Qué es una mascota? Objetos y miembros de la familia. Ajayu Órgano de Difusión

Científica del Departamento de Psicología, 15(1), 53–69. http://www.scielo.org.bo/scielo.php?pid=S2077-21612017000100004&script=sci_arttext

Díaz-Granados Prieto, J. J. (2015). El interés asegurable como elemento esencial del contrato de seguro de vida. https://ssrn.com/abstract=3681133

Díaz-Granados, J. M. (2012). El seguro de responsabilidad (2.ª ed.). Editorial Universidad del Rosario. http://repository.urosario.edu.co/handle/10336/949

Diossa Rodríguez, S. P. (2022). Aspectos negativos causados por la humanización de mascotas (Trabajo de grado). Universidad de Ciencias Aplicadas y Ambientales, Facultad de Ciencias Agropecuarias, Programa de Medicina Veterinaria y Zootecnia. https://repository.udca.edu.co/server/api/core/bitstreams/4f630723-8406-4627-9e4c-326fb4cf9328/content

Direct Line Group. (2017, 18 de octubre). Dog fights – 64,000 canines die in 12 months. https://www.directlinegroup.co.uk/en/news/brand-news/2017/dog-fights---64-000-canines-die-in-12-months.html

DogsBite.org. (Recuperado el 20 de febrero de 2026). The source for victims of dangerous dog attacks. https://www.dogsbite.org/

Dra. de Clément, Z. (2007). Aspectos conceptuales del principio de precaución ambiental. Academia Nacional de Derecho y Ciencias Sociales de Córdoba. https://www.acaderc.org.ar/wpcontent/blogs.dir/55/files/sites/55/2021/06/artprincipioprecaucion.pdf

Fajardo, J. (2011). Seguro obligatorio de accidentes de tránsito y sostenibilidad financiera en Colombia. Universidad Militar Nueva Granada. https://repository.umng.edu.co/server/api/core/bitstreams/e6153fef-ac90-4afa-9f7a-177411c37274/content

Federación Colombiana de Aseguradoras. (2012). Viva seguro, programa de educación financiera. https://www.segurosmundial.com.co/media/AUTOMOVILES-FORMATO-WEB.pdf

Federación de Aseguradores Colombianos – Fasecolda. (2022). Restricciones en la oferta de seguros obligatorios. Recuperado a partir de https://revista.fasecolda.com/index.php/revfasecolda/article/view/754

Federación de Aseguradores Colombianos – Fasecolda. (2026, 10 de febrero). Dirección de la Cámara Técnica de Responsabilidad Civil. [Respuesta a derecho de petición].

Federación Europea de Alimentos para Animales de Compañía (FEDIAF). (2025). DATOS SOBRE LA POBLACIÓN

Y EL MERCADO DE MASCOTAS EN EUROPA 2023. https://www.interempresas.net/Mascotas/488820-La-FEDIAF-publica-su-informe-anual-Facts-Figures.html

Fediaf – The European Pet Food Industry Federation. (2025). Statistics. https://europeanpetfood.comingsoon.site/about/statistics/

Fediaf European Pet Food. (2024). Manifestó. https://europeanpetfood.org/wp-content/uploads/2024/06/Manifesto-June-2024.pdf

Fraile, R. M. (2017). La responsabilidad civil del veterinario. Revista de la Asociación Española de Abogados Especializados en Responsabilidad Civil y Seguro, (61), 25-32. https://dialnet.unirioja.es/descarga/articulo/6073561.pdf

Franciskovic Ingunza, B. (2013). Protección jurídica y respeto al animal: una perspectiva a nivel de las constituciones de Europa y Latinoamérica. https://derechousmp.com/sapere/sumario/primer_bimestre/articulos/Proteccion_juridica_respeto_al_animal.pdf

Galán, V. (2023, 17 de agosto). Países europeos con mayor respeto animal. SantéVet. https://www.santevet.es/articulo/paises-europeos-con-mayor-respeto-animal

Galiana Saura, A. y Marqués Banque, M. (2023). On animal welfare and protection in Spain. Revista Catalana de Dret Ambiental, vol. XIV, núm. 2 (2023): 1–8. Doi: 10.17345/rcda3780

García Ospina, A. F., Contreras Ortiz, D. S. y Rodríguez Higuera, L. J. (2025). Desigualdad material y de capacidades: una adaptación al modelo colombiano de territorios inteligentes. Administración & Desarrollo, 55(2), e1173. https://revistas.esap.edu.co/index.php/admindesarro/article/view/1173/829

Giedion U., Panopoulou G., Gómez-Fraga S. (2009). Diseño y ajuste de los planes explícitos de beneficios: el caso de Colombia y México. Serie Financiamiento del Desarrollo. Santiago de Chile: CEPAL, Asdi, 2009:219. https://www.econbiz.de/Record/dise%C3%B1o-y-ajuste-de-los-planes-expl%C3%ADcitos-de-beneficios-el-caso-de-colombia-y-m%C3%A9xico-giedion-ursula/10008747276

Gómez G., Leonardo F., Atehortúa H., Camilo G., & Orozco P., Sonia C. (2007). La influencia de las mascotas en la vida humana. Revista Colombiana de Ciencias Pecuarias, 20(3), 377-386. Retrieved February 06, 2026, from http://www.scielo.org.co/scielo.php?script=sci_arttext&pid=S0120-06902007000300016&lng=en&tlng=es.

Grand View Horizon. (2025). Switzerland Pet Insurance Market Size & Outlook, 2025-2033. https://www.grandviewresearch.com/horizon/outlook/pet-insurance-market/switzerland

Guerrero, E. J., Ramírez, F. I. (2004). MANEJO AMBIENTAL DE RESIDUOS EN MATADEROS DE PEQUEÑOS MUNICIPIOS. Scientia Et Technica, vol. X, núm. 26, diciembre de 2004, pp. 199-204. Universidad Tecnológica de Pereira, Pereira, Colombia.

Guerrero R, Gallego AI, Becerril-Montekio V, Vásquez J. (2011). Sistema de salud de Colombia. Salud Pública Mex 2011; 53 supl. 2: S144-S155. https://www.scielosp.org/pdf/spm/2011.v53suppl2/s144-s155/es

Haslam, B. (2026). Is French pet insurance a must-have for animal owners?. https://www.my-french-house.com/blog/article/75453/is-pet-insurance-must-have

Henao Villegas, S. (2017). Eutanasia en animales de compañía: dilemas, encuentros y desencuentros. Revista Colombiana de Bioética, 11(3), 74–108. https://revistas.unbosque.edu.co/index.php/RCB/article/download/2163/2563

Henao, J. C. (1998). El daño: análisis comparativo de la responsabilidad extracontractual del Estado en derecho colombiano y francés. Bogotá: Editorial Universidad Externado de Colombia. https://yepesgomezabogados.com/wp-content/uploads/2022/05/Henao-El-dano.pdf

Hernández, M., & Delgado Díaz, J. (2024, 14 de marzo). Revelan el número de mascotas que hay en Colombia: son más perros que gatos. El Espectador. https://www.elespectador.com/la-red-zoocial/revelan-el-numero-de-mascotas-que-hay-en-colombia-son-mas-perros-que-gatos-noticias-hoy/

Horta, O. (2020). ¿Qué es el especismo? Oscar Horta. Devenires, 21(41), 163–198. https://doi.org/10.35830/devenires.v21i41.119

Instituto Distrital de Protección y Bienestar Animal. (2022). Estimativo de la abundancia y densidad poblacional de perros deambulantes (Canis lupus familiaris) en Bogotá D.C., Colombia: una aproximación al bienestar animal.

https://www.animalesbog.gov.co/documentos/estimado-poblacional-bogota.pdf

International Network for Management of Animal Bites (INMAB). (2025, 10 de enero). Consecuencias psicológicas de las mordeduras caninas: impacto, manejo y nuevas perspectivas. https://www.inmab.org/blog/consecuencias-psicologicas-de-las-mordeduras/

Jefatura del Estado. (2023). Ley 7/2023, de 28 de marzo, de protección de los derechos y el bienestar de los animales. Boletín Oficial del Estado, núm. 75, 29 de marzo de 2023. https://www.boe.es/boe/dias/2023/03/29/pdfs/BOE-A-2023-7936.pdf

Jofré M., Leonor; Perret P., Cecilia; Abarca V., Katia; Solari G. , Verónica; Olivares C. , Roberto; López del P., Javier. Recomendaciones para el manejo de mordeduras ocasionadas por animales. Rev. Chile. Infectol.[Internet]. 2006 Mar [citado 2026 Mayo13]; 23(1): 20-34. http://dx.doi.org/10.4067/S0716-10182006000100002

Kiuhan Rondón, J. M., & Lizcano Acero, J. C. (2025). Análisis de los fundamentos normativos sobre el bienestar animal en la legislación colombiana [Tesis de pregrado, Universidad de la Costa].

https://repositorio.cuc.edu.co/bitstreams/f2403b62-9d5e-4d68-9ad3-f5027950d875/download.

Lares Gutiérrez, Ramón Eduardo; Rodríguez González, Lizeth. (2021). Hacia un nuevo concepto de familia: la familia individual. FILHA, vol. 16, núm. 24, enero-julio, 2021, pp. 1-15. Universidad Autónoma de Zacatecas. https://www.redalyc.org/pdf/6737/673778228002.pdf

Ley 10 de 1934. (1934, 20 de noviembre). Sobre pérdida y rehabilitación de derechos políticos y por la cual se establecen algunos derechos de los empleados. Diario Oficial No. 22.746 del 27 de noviembre de 1934. https://www.suin-juriscol.gov.co/viewDocument.asp?id=1566213

Ley 100 de 1993. (1993, 23 de diciembre). Por la cual se crea el sistema de seguridad social integral y se dictan otras disposiciones. Diario Oficial No. 41.148. https://www.secretariasenado.gov.co/senado/basedoc/ley_0100_1993.html

Ley 12 de 1959 (15 de enero de 1959). Por la cual se dictan normas sobre tránsito y transporte. Diario Oficial No. 29.859. Bogotá, Colombia. https://www.suin-juriscol.gov.co/viewDocument.asp?ruta=Leyes/1568451

Ley 1751 de 2015. (2015, 16 de febrero). Por medio de la cual se regula el derecho fundamental a la salud y se dictan otras disposiciones. Diario Oficial No. 49.427. https://www.secretariasenado.gov.co/senado/basedoc/ley_1751_2015.html

Ley 33 de 1986. (1986, 3 de febrero). Por la cual se modifican y adicionan disposiciones del Código Nacional de Tránsito Terrestre. Diario Oficial No. 23.127. https://www.suin-juriscol.gov.co/viewDocument.asp?id=1589853

Ley 44 de 1939 (13 de diciembre de 1939). Por la cual se ordena el levantamiento de unos planos, se provee a la construcción de una obra hidráulica en los municipios de Piedecuesta y Floridablanca y se dicta una disposición sobre garantías a las entidades públicas. Diario Oficial No. 24.242 del 14 de diciembre de 1939. https://www.suin-juriscol.gov.co/viewDocument.asp?id=1598777

Ley 45 de 1990 (18 de diciembre de 1990). Por la cual se expiden normas en materia de intermediación financiera, se regula la actividad aseguradora, se conceden unas facultades y se dictan otras disposiciones. Diario Oficial No. 39.607 del 19 de diciembre de 1990. https://www.funcionpublica.gov.co/eva/gestornormativo/norma.php?i=77540

Ley 576 de 2000(15 de febrero de 2000). Por la cual se expide el Código de Ética para el ejercicio profesional de la medicina veterinaria, la medicina veterinaria y zootecnia y la zootecnia. Diario Oficial No. 43.897. https://www.secretariasenado.gov.co/senado/basedoc/ley_0576_2000.html }

Ley 8 de 1969(15 de enero de 1969). Por la cual se aprueba la Convención Internacional sobre Responsabilidad Civil por daños causados a terceros por aeronaves extranjeras en la superficie, firmada en Roma el 7 de octubre de 1952. Diario Oficial No. 32.662. Bogotá, Colombia. https://www.funcionpublica.gov.co/eva/gestornormativo/norma.php?i=169546

Línea Directa Aseguradora. (2024). Mascotas, una oportunidad para combinar seguros y servicios. Revista Actuarios Nº 54, pág. 40-41. https://dialnet.unirioja.es/ejemplar/666042

López, B. y Martín, R. (2024). Mascotas: una oportunidad para combinar seguros y servicios. Revista Actuarios No 54, pág. 42-43.

Losada Baquero, E., Mazuera López, J., Pedraza Novoa, C., y Umbarila Morales, F. (2023). Evaluación de los costos de salud de las mascotas en Bogotá: un análisis integral de los gastos veterinarios y cuidados médicos [Trabajo de especialización en Administración Financiera, Universidad EAN].

https://repository.universidadean.edu.co/server/api/core/bitstreams/3dbf04bf-da67-4500-9b24-f344bb1c8baa/content

Luna Cortés, G. (2019). División social por estratos, materialismo y la situación de los perros en Colombia. Civilizar Ciencias Sociales y Humanas , vol. 19, no. 37, Bogotá, July/Dec. 2019. https://doi.org/10.22518/usergioa/jour/ccsh/2019.2/a03

Maniscalco, K., Marietta, M. y Edens, M. A. (2025). Animal bites. En StatPearls. StatPearls Publishing. https://www.ncbi.nlm.nih.gov/books/NBK430852/

MAPFRE Seguros. (2008). Seguro de mascotas: seguros para perros y gatos. https://www.mapfre.com.co/seguros-mascotas/

Mariño Ferro, X. R. (2021). Animales Divinos, Medievalista [online], 29 | 2021, posteado online el día 1 de enero de 2021, consultado el 21 de septiembre de 2021. DOI: https://doi.org/10.4000/medievalista.3923

Martínez Barreiro, A. (1996). Elementos para una teoría social de la moda. Revistas UDC Sociología No1.http://hdl.handle.net/2183/2687

Medrano, Leonardo. (2008). El papel de las agencias de seguros en la competencia entre compañías aseguradoras. El trimestre económico, 75(298), 301-316. Epub 20 de noviembre de 2020. Recuperado en 06 de marzo de 2026, de http://www.scielo.org.mx/scielo.php?script=sci_arttext&pid=S2448-718X2008000200301&lng=es&tlng=es.

Meritxell, M. (2010). Los suizos rechazan que los perros y las vacas tengan abogado. https://www.afgoetschel.com/de/downloads/20100308-el-mundo.pdf

Molina Roa, J. (2016). Sobre los juicios a los animales y su influencia en el derecho animal actual. Bogotá: Universidad Externado de Colombia, 2016. https://bdigital.uexternado.edu.co/handle/001/2339

Morales de Setién Ravina, C. (2009). Estudio sobre la implementación del seguro obligatorio de responsabilidad civil extracontractual por accidentes de tránsito en Colombia: aspectos jurídicos relevantes en el derecho comparado. Repositorio Institucional Universidad de los Andes. https://repositorio.uniandes.edu.co/server/api/core/bitstreams/ad3a9df2-1d49-4915-b864-dc2cf4776b28/content

Mordor Intelligence Industry Reports. (2024). Análisis del tamaño y la cuota de mercado de los seguros para mascotas en Europa, tendencias y previsiones de crecimiento (2024-2029). Source: https://www.mordorintelligence.com/es/industry-reports/europe-pet-insurance-market

Moreno Guevara, A. S. (2025). Nuevas generaciones de derechos: paradigma constitucional (Parte I). Revista Derecho Constitucional, Universidad Externado de Colombia. https://telecomunicaciones.uexternado.edu.co/nuevas-generaciones-de-derechos-paradigma-constitucional-1a-parte/

Morillo Carrillo, S. (2022). "Daño y daño antijurídico en la responsabilidad extracontractual del Estado a partir de la noción de derecho subjetivo", Revista digital de Derecho Administrativo, Universidad Externado de Colombia, n.º 28, 2022, pp. 319-357. DOI: https://doi.org/10.18601/21452946.n28.11

Narváez Bonet, J. E. (2011). Análisis crítico del principio indemnizatorio en el seguro de daños. RIS, Bogotá (Colombia), 34(20): 139–174, enero-junio de 2011. https://revistas.javeriana.edu.co/index.php/iberoseguros/article/view/28944/23856

Navas Navarro, S. (2010). Responsabilidad contractual, animales y daño moral:(Comentario a la Sentencia de la

Audiencia Provincial de Valencia, sección 11ª, de 25 de marzo de 2010, Diario El Derecho, RI § 1041094). In dA Derecho Animal: Forum of Animal Law Studies (Vol. 1, No. 2, p. 010). https://ddd.uab.cat/record/190017

Nieto Alite J. M. (2024). Mascotas, una oportunidad para combinar seguros y servicios. Revista Actuarios, No. 54, p. 37-39. https://actuarios.org/2024/05/27/actuarios54/

Nino, C. S. (2003). Introducción al análisis del derecho. Editorial Astrea. Colección mayor de filosofía y derecho. https://inecipcba.wordpress.com/wp-content/uploads/2013/08/introduccion_al_analisis_del_derecho_-_carlos_santiago_nino.pdf

North American Pet Health Insurance Association – Naphia. (2025). Report on the state of the industry in 2025. https://naphia.org/industry-data/section-2-total-pets-insured/

Organización Mundial de la Salud (OMS). (2024). Mordeduras de animales. https://www.who.int/es/news-room/fact-sheets/detail/animal-bites

Palacio, J., León, M., & García-Belenguer, S. (2005). Aspectos epidemiológicos de las mordeduras caninas. Gaceta Sanitaria, 19(1), 50–58.

https://scielo.isciii.es/scielo.php?script=sci_arttext&pid=S0213-91112005000100011

Páramo, P., y Galvis, C. J. (2010). Conceptualizaciones acerca de los animales en niños de la sociedad mayoritaria y de la comunidad indígena Huitoto en Colombia. Revista Folios, (32), 111–124. Doi: https://doi.org/10.17227/01234870.32folios111.124

Pardal-Peláez, B., & Sarmiento-García, A. (2021). Microbiología de las infecciones causadas por mordeduras de perros y gatos en personas: una revisión. Revista Chilena de Infectología, 38(3), 393–400. https://doi.org/10.4067/S0716-10182021000300393

Parlamento Europeo. (2020). Protección y bienestar animal: legislación europea. https://www.europarl.europa.eu/topics/es/article/20200624STO81911/proteccion-y-bienestar-animal-legislacion-europea-videos#:~:text=Bienestar%20de%20los%20animales%20de%20granja,-En%20una%20encuesta&text=Las%20primeras%20normas%20europeas%20sobre,les%20causen%20dolor%20o%20sufrimiento.

Peter Singer. (1975). Animal Liberation. New York: HarperCollins.

https://www.penguinlibros.com/es/ciencia-y-tecnologia/38857-libro-liberacion-animal-9788430619900

Petplan. (s. f.). Pet insurance. https://www.petplan.co.uk/pet-insurance.html

Presidencia de la República de Colombia (2022). Decreto 380 de 2022. https://www.funcionpublica.gov.co/eva/gestornormativo/norma.php?i=183906

Presidencia de la República de Colombia. (1971). Por el cual se expide el Código de Comercio. (Decreto 410 de 1971). Diario Oficial 33339. http://www.secretariasenado.gov.co/senado/basedoc/codigo_comercio.html

Presidencia de la República de Colombia. (1974). Código Nacional de Recursos Naturales Renovables y de Protección al Medio Ambiente. (Decreto 2811 de 1974). Diario Oficial No. 34.243. http://www.secretariasenado.gov.co/senado/basedoc/decreto_2811_1974.html

Presidencia de la República. (1993). Decreto 663 de 1993, por medio del cual se actualiza el Estatuto Orgánico del Sistema Financiero y se modifica su titulación y numeración. Diario Oficial No. 40.820.

https://www.funcionpublica.gov.co/eva/gestornormativo/norma.php?i=90393

Real Academia Nacional de Medicina de España. (10 de febrero de 2020). Epidemia y pandemia: diferencias. https://ranm.es/2020/02/epidemia-y-pandemia-diferencias/

Rincón, M. E. (2011). VI Encuentro Nacional de Investigación en Enseñanza de la Biología y la Educación Ambiental. VI Encuentro Nacional de Investigación en Enseñanza de la Biología y la Educación Ambiental. ISSN 2027-1034, pp. 342-350. https://dialnet.unirioja.es/ejemplar/568226

Romero Ayala, J. D. (2021). Lesiones orofaciales ocasionadas por mordeduras de perro en niños [Tesis, Universidad Nacional Autónoma de México]. https://ru.dgb.unam.mx/server/api/core/bitstreams/305eb118-7f0d-47f3-a360-131973eabfe9/content

RSPCA, Royal Society for the Prevention of Cruelty to Animals y WSPA, World Society for the Protection of Animals (2008). Stray Animal Control Practices (Europe). https://www.regjeringen.no/globalassets/upload/lmd/vedlegg/lpb_stotter_fndeklarasjon_om_dyrevelferd.pdf

Ruiz, M. E., Marenghi, M., Ojeda, N., Fascendini, P., Guaita, L., Werner, N., Martínez, M., Torres, M., German, J. y Burdino, A. (2016). La educación como pilar fundamental para la tenencia responsable de mascotas. Facultad de Ciencias Veterinarias, Universidad Nacional del Litoral. https://www.fcv.unl.edu.ar/investigacion/wp-content/uploads/sites/7/2018/11/EX_RUIZ_ME_EDUCACION.pdf

Saldaña Martínez, J. (2020). El seguro de mascotas en España y en el Reino Unido: estudio comparativo de la macroestructura del condicionado general del seguro. Universidad de Granada. http://hdl.handle.net/10481/62595

Sánchez, E. S., Hernández, J. M., y Calle, M. M. G. (2019). Manual para la tenencia responsable de mascotas. Fondo Editorial Biogénesis, 55-55. https://revistas.udea.edu.co/index.php/biogenesis/article/view/337027

Sandoval Garrido, D. A. (2013). Reparación integral y responsabilidad civil: el concepto de reparación integral y su vigencia en los daños extrapatrimoniales a la persona como garantía de los derechos de las víctimas. Revista de Derecho Privado, (25), 1–28.

https://revistas.uexternado.edu.co/index.php/derpri/article/view/3602/3780.

SBS Seguros Colombia. (2011). Seguro de mascotas. https://www.sbseguros.co/seguro-mascotas

Schilder, M. B. H., Endenburg, N., & van der Borg, J. A. M. (2019). Intraspecific killing in dogs: Predation behavior or excessive intraspecific aggression? Journal of Veterinary Behavior, 29, 1–7. https://www.sciencedirect.com/science/article/abs/pii/S1558787818302259

Seguros Bolívar. (2010). Seguro para mascotas. https://www.segurosbolivar.com/seguro-para-mascotas

Seguros SURA. (2010). Seguro de mascotas. https://www.sura.co/seguros/personas/hogar/mascotas

Signorino Barbat, A. (2024). La nueva dimensión social del seguro, 61 Rev. Ibero-Latinoamericana. Seguros, 23-58 (2024). https://doi.org/10.11144/Javeriana.ris61.ndss

Superintendencia Financiera de Colombia. (2014, 3 de octubre). Circular Externa 029 de 2014: Reexpedición de la Circular Básica Jurídica. https://cijuf.org.co/sites/cijuf.org.co/files/normatividad/2014/circular-externa-29-superfinanciera.pdf

Sura. (Recuperado el 4 de marzo de 2026). Historia del seguro y la seguridad social. https://www.arlsura.com/boletin/juridico/historia.html

Swissinfo. (2023). Tener mascotas. Disponible en: https://www.ch.ch/fr/impots-et-finances/types-d-impots/imposition-des-chiens/#informations-complementaires

Tamayo Jaramillo, J. (2011). Tratado de responsabilidad civil. Bogotá: Legis, p. 818. https://iarce.com/wp-content/uploads/2024/10/Tamayo-Tomo-I.pdf

Tavernelli, R. P. (2007). Igualando la diferencia: un estudio sobre la puesta en práctica de acciones discriminatorias. VII Jornadas de Sociología. Facultad de Ciencias Sociales, Universidad de Buenos Aires, Buenos Aires. https://cdsa.academica.org/000-106/407.pdf

Torres, D. (2006). Los rituales funerarios como estrategias simbólicas que regulan las relaciones entre las personas y las culturas. SAPIENS, 7(2), 107-118. Recuperado el 16 de febrero de 2018, de https://bit.ly/2ySfLBw

Turgoose, D., McKie, R. E., & Connelly, P. (2023). Insurance discrimination, companion animal harm, and domestic violence and abuse: Double jeopardy in the UK. Viólense Against Women, 30(12–13), 3350–3371. https://doi.org/10.1177/10778012231176201.

Vergara Montoya, S. (2025). Hacia un nuevo régimen de la responsabilidad causada por los perros de manejo especial [Trabajo académico]. https://repository.udca.edu.co/server/api/core/bitstreams/4f630723-8406-4627-9e4c-326fb4cf9328/content

Villafañe-Ferrer, L., Gómez-Camargo, D., & Gómez-Arias, R. D. (2020). Normativas para la protección de mascotas: situación de Colombia, Chile, Uruguay y México. Revista MVZ Córdoba, 25(2), 112-125. Epub 29 de agosto de 2021. https://doi.org/10.21897/rmvz.1609

Westgarth, C., Provazza, S., Nicholas, J. y Gray, V. (2024). Review of psychological effects of dog bites in children. BMJ Pediatrics Open, 8(1), e000922. https://pmc.ncbi.nlm.nih.gov/articles/PMC11163822/

Winthrope, S. (2021, 26 de Abril). When money means a life-or-death choice for our dogs. Pursuit – The University of Melbourne. https://pursuit.unimelb.edu.au/articles/when-money-means-a-life-or-death-choice-for-our-dogs

Zornoza Prieto, H. E. (2011). El seguro de responsabilidad civil: su evolución normativa y jurisprudencial en Colombia. Revista Ibero-Latinoamericana de Seguros. Pontificia Universidad Javeriana.

http://revistas.javeriana.edu.co/index.php/iberoseguros/article/view/18503

TABLA DE CONTENIDO

MIX
Papier aus verantwortungsvollen Quellen
Paper from responsible sources
FSC® C105338

Printed by Books on Demand GmbH, Norderstedt / Germany